PSYCHOLOGY OF
KNOWING PEOPLE

识人心理学

瞬间读懂身边人的秘笈

秋泉　编

北京燕山出版社
BEIJING YANSHAN PRESS

图书在版编目（CIP）数据

识人心理学 / 秋泉编 . -- 北京：北京燕山出版社，
2018.6

ISBN 978-7-5402-5179-6

Ⅰ . ①识… Ⅱ . ①秋… Ⅲ . ①心理交往－通俗读物
Ⅳ . ① C912.11-49

中国版本图书馆 CIP 数据核字（2018）第 125216 号

识人心理学

编　　者	秋　泉
责任编辑	贾　勇　王　迪
封面设计	余　微
责任校对	石　英
出版发行	北京燕山出版社有限公司
社　　址	北京市丰台区东铁营苇子坑路 138 号
电　　话	010-65240430
邮　　编	100078
印　　刷	北京德富泰印务有限公司
开　　本	880mm×1230mm　1/32
字　　数	150 千字
印　　张	8
版　　次	2018 年 7 月第 1 版
印　　次	2018 年 7 月第 1 次印刷
定　　价	35.00 元

　　识人心理学，是一门通过人的外在表现来探测人的心理活动的学问，是认识自己、看透别人和看透人性的一门科学，它在人际交往中有着十分重要的应用。我们在与他人交流沟通时，即使不说话，也可以凭借对方的身体语言来探知他内心的秘密，对方也同样可以通过身体语言了解到我们的真实想法。

　　对于读透心理，美国联邦调查局（简称FBI）的特工人员有着独到的研究和丰富的经验，他们致力于人类语言和非语言的破解工作，可以通过罪犯、恐怖分子、间谍的面部表情、手势、身体移动（人体动作学）、身体距离（空间关系学）、接触（触觉学）、姿势，甚至包括服装，来揭秘其真实的思想、意图和真诚度。FBI在这方面的知识和技能值得我们借鉴和学习，可以帮助我们更好地理解周围人的感觉、思想和意图，在与人交往的过程中灵活运用心理学的方法，用眼睛洞察一切，读懂他人的微妙心思，并对此作出精准的判断，从而成为交际中的终极赢家。

　　此外，心理学家也表示，人们在日常生活中的各种习惯和细节方面的行为是一个人在不同时间和场合内的真实心理反应。而有时候，这些外在的表现并不那么明显，所以往往很容易被人们忽视。

事实上，一个善于揣测别人心理的人在从事社会活动的时候往往懂得用心来观察别人的一举一动，有时候仅仅是从对方的一个表情或者是一身打扮上就能够快速地看懂对方的心理，从而掌握主动权，成为一名交际高手。本书采用了大量世界著名心理学家所提出的有效方法和原理，通过现象看本质，给人们呈现了一种非常快速的识人读人的方法。

当然，识人也并非简单的事情，毕竟人心隔肚皮，人们不会将自己的真实想法刻画在脸上。但是，只要学会一种看透人心的心理分析术就能够轻易地看穿别人的内心变化和动机，即使是面对一些懂得"反心理侦查"的人，也能够将其面具揭开，看透他们内心的本质。正如比利时心理大师尼坦·约瑟夫·勒米所说的那样："再高明的人也会有露出破绽的时候，只要擦亮双眼，用心揣测，就能够看清对方的真实内心。"

有一次，乔·吉拉德和自己的业务助手凯恩斯与一位大客户进行业务谈判，凯恩斯后来回忆说对方是一位难以捉摸的客户。从谈判开始，这位客户就一再地要求吉拉德将价格降低，并且还用一种强势的口气说，如果不降价的话，他将会选择与另一家公司合作。此时吉拉德的助手凯恩斯有些沉不住气了，他认为现在的销售行业并不好做，尤其是汽车行业的竞争太激烈，而眼前的这个客户出手大方，是一笔诱人的大单，此时如果不降价的话，恐怕就会失去这个机会，对公司来说也是一个大的损失。尽管如此，吉拉德却坚持不降价，而且还表现出一种毫不在意的样子。但是最后的结果却出乎凯恩斯的意料——销售成功。

完成这笔销售之后，凯恩斯疑惑地问吉拉德是怎样取得成功的。吉拉德笑呵呵地说："其实我不是赌赢这笔生意的，而是我一眼看透了他的心理。"凯恩斯疑惑不解，吉拉德拍着他的肩膀说："一开始谈判的时候，我就认真地观察了对方看我们的销售方案以及性价比表时的反应，你不知道，当时那位客户的眼睛忽然一亮。这说明他对我们的车很感兴趣，而且我也十分肯定这一点。在随后的沟通中，我发现他每次示意我们的竞争对手有多么的优秀，其价格有多低廉的时候都在不停地跺脚，这个动作其实是表达了他根本不喜欢他们的车。后来在谈论价格的时候，由于我了解了他的真实心理，于是表现得非常不在意，并坚持不降价而且还适时地提出要退出这个洽谈。这时我发现对方在表面上虽然没有表现得紧张和害怕，但是却下意识地摸了摸头，其实这是一种典型的心理惧怕表现，显然他害怕失去与我们合作的机会，于是这笔生意就成了。"

通过上述事例可以看出，吉拉德就是通过一眼看透对方心理来完成销售中最艰难的环节的。事实上，一个人内心真实想法的三分之二都表现在其身体语言上，即通过一个简单的动作或习惯等都可以看出对方的心理特征。

可以说，在人们日常生活中，尤其是在人际交往中，第一时间看透别人是非常重要的。尽管人们的行为时刻在发生着变化，人们依靠外界来掩饰自己心理的技巧也非常多，但是人的心理是不会发生太大变化的，任何一种行为习惯都有可能存在着心理密码，这就需要人们从中破解，进而掌握一眼看透人心的方法。

本书系统总结了FBI在识人心理学方面的理论研究和实践经验，

并将之灵活运用到人们日常的工作、交往和生活中。阅读本书,你将
对身体语言的形态、内涵及其运用有全面深入的了解,从而揭开身体
语言的密码,读懂他人的真实意图,窥破人际关系的秘密,掌握和运
用比说话更高效的沟通技巧。

第三篇
从说话习惯看心理反应 // 125

人际交往中的识人技巧

第一章
洞悉人性，满足他人的心理需求

任何时候都要维护他人的自尊

每个人都有自尊，都渴望得到别人的尊重。人与人之间虽然在财富、地位、学识、能力、肤色、性别等许多方面各有不同，但在人格上是平等的。维护自己的自尊是每个人最强烈的愿望，在人际交往中，我们如果伤害了别人的自尊，对方就很有可能千方百计地伤害我们的自尊；而如果我们维护了别人的自尊，别人也会反过来回报我们对他的尊重。

余伟是一家食品店的老板，他的一名店员经常粗心大意地把商品的价格标签贴错，并由此引起了混淆和顾客的抱怨，余伟每次批评他，但还是屡屡犯错。最后，余伟把这名店员叫进了办公室，任命他为价格标签的主管，负责将整个食品店货物架子上的标签都贴在合适的位置上。新头衔和职责让他的工作态度发生了彻底的改变，从此以后，他做的工作都很令人满意。

许多人自尊心非常强，不到万不得已不轻易求人。因为一旦乞求别人的帮助就意味着自己是弱者而对方是强者，自己受别人的恩惠，就要看人家的脸色，在别人面前气短三分。正因为如此，我们在为别人提供帮助时，也要考虑自己的说话办事的方法，不要伤及对方的尊严，才能使他真正得到帮助。否则人情没有做成，反而招人埋怨。

一位女士讲述了她祖父的故事。

当年祖父很穷，冬天来了，他没有钱买木柴，就去向一个富人借钱。富人爽快地答应借给他两块大洋，很大方地说："拿去花吧，不用还了！"

祖父犹豫了一下，还是接过钱，小心翼翼地包好，就匆匆往家里赶。富人冲他的背影又喊了一遍："不用还了！"

第二天大清早，富人打开院门，发现门口的积雪已被人扫过了。他在村里打听后，得知这事是借钱的人干的。

富人想了想，终于明白了：自己昨天的举动是给别人一份施舍。于是他让借钱人写了一份借条，约定以扫雪来偿还借款。

祖父用扫雪的行动提醒富人，任何人都有尊严。可见，即使是在帮助别人的过程中，也要考虑对方的感受，不要一副"施舍"的姿态，否则一片好心反而遭来怨恨，得不偿失。

由此可见，无论我们与什么身份、什么地位的人打交道，都要随时注意维护他人的自尊，这样才能赢得别人的尊重，避免不必要的麻烦和损失。

让别人感觉他比你聪明

装傻是一种人生大智慧。每个人都希望比别人显得更聪明，装傻可以满足这种心理。他会感觉自己很聪明，至少比你聪明一些。一旦他意识到这一点，他将再也不会怀疑你可能有更加重要的目的。

在一个小镇上，有一个孩子，人们常常捉弄他。其中最为乐此不疲的一个游戏是挑硬币，他们把一枚5分硬币和一枚1角硬币丢在孩子面前，他每次都会拿走那个5分的。于是大家哈哈大笑，感叹一番"真傻"、"傻得不可救药"等。

一个女教师偶然看到了这一幕，心中非常难过，她为那些没有同情心的人感到可悲。她把那孩子拉到一边，对他说："孩子，你难道不知道1角钱要比5分钱多吗？为什么要让人家嘲笑你呢？"

出乎意料的事发生了，孩子双眼闪出灵动的光芒，他笑着说："当然知道！可是如果我拿了那1角钱，以后就再也拿不到那许多的5分钱了。"

这个孩子正是那种貌似愚钝、内心聪明的人，他的傻只是一种伪装，那些肤浅的人们在嘲笑他的同时，却扮演了被愚弄的角色。谁聪明谁傻，从表面上是看不出的，真正的聪明人往往不是光彩外露的。在纷繁复杂、变幻莫测的世界上，那些智者不得不故意装憨卖傻，以一副糊涂表象示之于众人。然而也唯有如此，方称得上有"大智慧"，是"大聪明"。装傻是大智若愚、大巧若拙，是为人处世的大艺术，是保全自我的好方式。

有的人外表似乎固执守拙，而内心却世事通达、才高八斗；有的人外表机敏精灵，而内心却空虚惶恐、底气不足。

人生是个万花筒，一个人在复杂莫测的变幻之中要用足够的聪明智慧来权衡利弊，以防失手于人。但是，有时候不如以静观动，守拙若愚。这种处事的艺术其实比聪明还要胜出一筹。聪明是天赋的智慧，装傻是后天的聪明，人贵在能集聪明与愚钝于一身，需聪明时便聪明，该装傻时装傻，随机应变。

老子自称"俗人昭昭，我独昏昏；俗人察察，我独闷闷"，而作为老子哲学核心范畴的"道"，更是那种"视之不见，听之不闻，搏之不得"的似糊涂又非糊涂、似聪明又非聪明的境界。人依于道而行，将会"大直若屈，大巧若拙，大辩若讷"。庄子说："知其愚者非大愚也，知其惑者非大惑也。"人只要知道自己的愚和惑，就不算是真愚真惑。是愚是惑，各人心里明白就足够了。圣贤将"装傻"上升到哲学的高度，其中的深意耐人寻味。

不把别人比下去，不被别人踩下去

每个人都难免有一些嫉妒心，你太优秀、太耀眼，难免刺伤别人的自尊和虚荣。想想看，当你将所有的目光和风光都抢尽了，却将挫败和压力留给别人，那么别人在你的光芒的压迫之下，还能够过得自在、舒坦吗？要知道，一个人锋芒太盛了难免刺伤他人。在名利场中，要防止盛极而衰的灾祸，必须牢记"持盈履满，君子兢兢"的教诫。有才却不善于隐匿的人，往往招来更多的嫉恨和磨难。

　　唐人孔颖达，字仲达，八岁上学，每天背诵一千多字。长大后，很会写文章，也通晓天文历法。隋朝大业初年，举明高第，授博士。隋炀帝曾召天下儒官，集合在洛阳，令朝中士与他们讨论儒学。孔颖达年纪最小，道理说得最出色。那些年纪大、资深望高的儒者认为孔颖达超过他们是耻辱，便暗中刺杀他。孔颖达躲在杨志感家里才逃过这场灾难。到唐太宗，孔颖达多次上诉忠言，因此得到了国子司业的职位，又拜酒之职。太宗来到太学视察，命孔颖达讲经。太宗认为讲得好，下诏表彰他，但后来他却辞官回家了。

　　南朝刘宋王僧虔，是东晋名士王导的孙子，宋文帝时官为太子庶子，武帝时为尚书令。年轻的时候，王僧虔就以擅长书法闻名。宋文帝看到他写在扇面上的字，赞叹道："不仅字超过了王献之，风度气质也超过了他。"当时，宋孝武帝想以书名闻天下，王僧虔便不敢显露自己的真迹。大明年间，他曾把字写得很差，因此平安无事。

　　当你把别人比下去，就给了别人嫉妒你的理由，为自己树立了敌人。所以，在与人逞强之前请先三思。

　　如果你确实有真才实学，又有很大的抱负和理想，不甘于停留在一般和平庸的阶层，那么，你可以放开手脚大干一场，但有一点，你必须时刻提防周遭人的嫉妒。

　　要想使自己免遭嫉妒者的伤害，你需要注意自己的言行，尽量不要刺激对方的嫉妒心理。对于你周围的嫉妒者，可回避而不宜刺激。同事的嫉妒之心就像马蜂窝一样，一旦捅它一下，就会招来不必要的麻烦。既然嫉妒是一种不可理喻的低层次情绪，就没必要去计较你长我短、你是我非，更不必针锋相对，非弄个水落石出、青红皂白不可。须知，这不是学术讨论，更不是法庭对峙，你的对手不会用逻辑、情理或法律依据与你争锋的。

事实上，嫉妒之人本来就不是与你处在同一档次上，因而任何据理力争都会使你吃亏，浪费时间，虚掷精力，最佳的应对方式是胸怀坦荡、从容大度。对嫉妒者的种种雕虫小技，完全可以视若不见、充耳不闻，以更为出色的成绩来证实自己的实力。

成全别人好胜心，成就自己获胜心

人人都有自尊心，人人都有好胜心，若要联络感情，应处处重视对方的自尊心，因为重视对方的自尊心，必须抑制你自己的好胜心，成全对方的好胜心。若能做到这一点，在危险中你将可以保全自己，在竞争中你将更容易获胜，在日常与人相处中你将获得好人缘。

汉初良相萧何，今江苏沛县人，曾任沛县主吏掾、泗水郡卒吏等职，持法不枉害人。秦末随刘邦起兵反秦，刘邦进入咸阳，萧何把相府及御史府的法律、户籍、地理图册等收集起来，使刘邦知晓天下山川险要、人口、财力、物力的分布情况。项羽称王后，萧何劝说刘邦接受分封，立足汉中，养百姓，纳贤才，收用巴蜀二郡的赋税，积蓄力量，然后与项羽争天下。为此深得刘邦信任，被任为丞相。他极力向刘邦举荐韩信，认为刘邦要取得天下非用韩信不可。后来韩信在楚汉战争中的才干证明萧何慧眼识人。楚汉战争中，萧何留守关中，安定百姓，征收赋税，供给军粮，支援了前方的战斗，为刘邦最后战胜项羽提供了物质保证。西汉建立后，刘邦认为萧何功劳第一，封他为侯，后被拜为相国。萧何计诛了韩信后，刘邦对他就更加恩宠，除对萧何加封外，刘邦还派了一名都尉率五百名士兵作相国的护卫。

当天，萧何在府中摆酒庆贺。有一个名叫召平的人，穿着白衣白鞋，进来对萧何说："相国，您的大祸就要临头了。皇上在外风餐露宿，而您长年留守在京城，您既没有什么汗马功劳，又没有什么特殊的勋绩，皇上却给您加封，又给您设置卫队，这是由于最近淮阴侯在京谋反，因而也怀疑您了。安排卫队保卫您，这可不是对您的宠爱，而是为了防范您。希望您辞掉封赏，再把全部私家财产都捐给军用，这样才能消除皇上对您的疑心。"

萧何听从了他的劝告，刘邦果然很高兴。同年秋天，英布谋反，刘邦亲自率军征讨。他身在前方，每次萧何派人输送军粮到前方时，刘邦都要问："萧相国在长安做什么？"使者回答，萧相国爱民如子，除办军需以外，无非是做些安抚、体恤百姓的事。刘邦听后总默不作声。使者回来后告诉萧何，萧何也没有识破刘邦的用心。

有一次，偶然和一个门客谈到这件事，这个门客忙说："这样看来您不久就要被满门抄斩了。您身为相国，功列第一，还能有比这更高的封赏吗？况且您一入关就深得百姓的爱戴，到现在已经十多年了，百姓都拥护您，您还在想尽办法为民办事，以此安抚百姓。现在皇上所以几次问您的起居动向，就是害怕您借关中的民望而有什么不轨行动啊！如今您何不贱价强买民间田宅，故意让百姓骂您、怨恨您，制造些坏名声，这样皇上一看您也不得民心了，才会对您放心。"

萧何说："我怎么能去剥削百姓，做贪官污吏呢？"门客说："您真是对别人明白，对自己糊涂啊！"萧何又何尝不知道这个道理，为了消除刘邦对他的疑忌，只得故意做些侵夺民间财物的坏事来自污名节。不多久，就有人将萧何的所作所为密报给刘邦。刘邦听了，像没有这回事一样，并不查问。当刘邦从前线撤军回来，百姓拦路上书，说相国强夺、贱买民间田宅，价值数千万。刘邦回长安以后，萧何去见他时，刘邦笑着把百姓的上书交给萧何，意味深长地说："你身为相国，竟然也和百姓争利！你就是这样'利民'啊？你自己向百姓谢罪去吧！"刘邦表面让萧何自己向百姓认错，补偿田价，可内心里却窃喜。对萧何的怀疑也逐渐消失。

刘邦身为开国皇帝，自是不希望臣子的威信高过自己。萧何采纳了门客的建议成功地保全了自己。

人们在人际交往中也是如此，每个人都有好胜心，懂得成人之美，是一种双赢、皆大欢喜的智慧。

发现他人优点，巧妙赞美

孔子言："乐道人之善。"孟子戒："勿言人之不善。"也就是说，人们要乐于说出别人的好处、益处，不要说人们的坏处。虽然时逾千年，这仍然是人们待人处世的良好经验和准则。

日常生活中，有些人一说起别人的缺点、毛病，总是滔滔不绝、绘声绘色，甚至当着当事人的面也会毫无顾忌地数落、指责。但对别人的优点长处，却常常视而不见，更不愿给人鼓励和赞美。他们有一种看自己"一朵花"，看别人"一块疤"的心理。

而事实上，生活中的每个人都渴望得到周围人的认可，渴望别人的赞美和鼓励。真正的处世高手，都深谙乐道人之善的道理，即使对方是"一块疤"，他们也能巧妙地把对方夸成"一朵花"，从而使对方心情愉悦，愿意与自己互相往来，乐于为自己效劳。这也正是为人处世的法宝。

　　甲、乙两个猎人，各猎了两只兔子回来。甲的妻子看见后冷漠地说："你一天只打到两只小野兔吗？真没用！"甲猎人听到后很不高兴，心里埋怨起来，你以为很容易打到吗？第二天他故意空手而回，让妻子知道打猎是件不容易的事情。

　　相反，乙猎人回到家后，他的妻子看到他带回了两只兔子，欢天喜地地说："你一天打了两只野兔，真了不起！"听到赞美，乙猎人满心喜悦，心想两只算什么，结果第二天他打了四只野兔回来。

　　社会是由各种各样的人组成的，这些人都有不同的思想性格、兴趣爱好与生活习惯。有的人热情开朗，有的人沉静稳重，有的人性子急躁，有的人心胸狭窄。但是不管他们是哪种人，都喜欢被别人认可和赞美。上至古稀老人，下至三岁孩童，在内心最强烈的渴求就是自尊，就是得到人们的重视。

　　学会"乐道人之善"，与人相处时，要能看到对方的优点和长处，即使对于不喜欢的人，也不要抱有个人的成见和看法，只见"乌云"不见"太阳"。无论是对待同事、朋友、亲人，还是萍水相逢的陌生人，要多发现他们的长处，多学他们的优点，不能看自己是"一朵花"，看别人就是"满身疤"。我们经常会见到这样一种人：他对自己所做的工作一点一滴都记在心头、挂在嘴上，挑别人的毛病也绝无遗漏，说起来如数家珍。而对自己的毛病、别人的长处，则一概缄口不语。这种人往往为人们所不齿，被称为"不团结因子"。

　　"乐道人之善"，一方面要注意不能因为自己比别人做的工作多一点或能力强一点，就沾沾自喜，瞧不起别人；另一方面还要善于发现别人的优点、长处，对他人的工作成绩多加褒扬。这样，不仅显示出了自己虚怀若谷的风度，有益于团结，而且对自己的成长与进步也会大有好处。当然，对别人应该实事求是、恰如其分地赞美，如果不顾事实或夸大事实，效果可能会适得其反。

那么，从现在开始，与人交往的时候，请不要再吝啬你的美言了！

风光不可占尽，宜分他人一杯羹

每个人心中都会有一种出人头地的渴望，尤其二十几岁的年轻人刚刚步入社会，更是渴望成功，期待着有一天能"一炮走红"。于是，我们常常发现，那些在自己的领域做出一点成绩的人眼中只有自己，就好比在一张白纸上涂一个黑点，他们只看到黑点，却看不见黑点之外那无限开阔的天地。他们不停地炫耀自己、推销自己，俨然一副舍我其谁的神态。殊不知，他们的这种行为是令人十分反感的，这样做只会使他们离成功越来越远。

一个人做事千万要给自己留条后路，否则你得势时虽然状况不错，但等你失势时人家就可能疏远你，到头来自己说不定就会落得个悲惨的下场，所以有好处时一定要分人一杯羹，这叫"与人方便，自己方便"。

清朝著名的"红顶商人"胡雪岩，一生纵横官场与商场，做人真正地做到了"人精"的地步，他做人一个很重要的原则便是"利益均沾，资源共享"。这才成就了他一段"不朽"的传奇。胡雪岩对于金钱的看法有他独到见解的，其中，很重要的一点便是与他人分一杯羹，好处共享。

有一次，胡雪岩得到消息说外面运进了一批先进、精良的军火。消息马上得到进一步的确定，胡雪岩知道这又是一笔好生意，做成一定大有赚头。他立即找外商联系，凭借他老道的经验，高明的手腕，以及他在军火界的信誉和声望，胡雪岩很快就把这批军火生意搞定。

正当春风得意之时，他听商界的朋友说，有人在指责他做生意不仁道。原来外商已把这批军火以低于胡雪岩出的价格，卖给军火界的另一位同行，只是在那位同行还没有付款取货时，就又被胡雪岩以较高的价格买走了，使那位同行丧失了赚钱的好机会。

胡雪岩听说这事后，对自己的贸然行事感到惭愧。他随即找来那位同行，商量如何处理这事。那位同行知道胡雪岩在军火界的影响，怕胡雪岩在以后的生意中与自己为难，所以就不好开条件，只好推说这笔生意既然让胡老板做成了就算了，只希望以后留碗饭给他们吃。事情似乎就可以这么轻易地解决了，但胡雪岩却不然，他主动要求那位同行把这批军火"卖"给他，同样以外商的价格，这样那位同行就吃个差价，而不需出钱，更不用担风险。事情一谈妥，胡雪岩马上把差价补贴给了那位同行。那位同行甚为佩服胡雪岩的商业道德，此后两人多次合作都非常愉快。

所谓"三十年河东，三十年河西"，人人都有得意和落魄的时候，只有那些对朋友一如既往的人，才能赢得真正长久的友谊。我们对待朋友，也应像胡雪岩这样，自己得意的时候不忘照顾朋友，失意的时候才能得到他人相助。这不仅仅是利益交换那么简单，更是朋友之间建立起来的相互信任和情谊，有好处的时候分给朋友一杯羹，体现的是一种大度和风范。在社会上立足要靠"智"，更要靠"德"，有德的人自然能够聚集更多的人气和财气。

第二章
揣摩心理，与他人有效沟通

看清谈话对象的身份，然后再开口

中国有句谚语："到什么山唱什么歌，见什么人说什么话。"说场面话不看对象，常常让别人无法理解自己的本意，从而在无形之中与别人拉开了距离。反之，了解了对方的情况，并依据其情况，寻找与之相适应的话题和谈话内容，双方就会觉得谈话比较投机，彼此在距离上也显得比较亲切。对方会觉得你是一个极具亲和力的人，从而愿意与你相处。

1. 看对方的身份地位说话

几乎没有一个人在说话的时候不考虑到彼此的身份。不分对象，不看对方身份，都用一样的口气说话，是幼稚无知的表现。下级对上级、晚辈对长辈、学生对老师、普通人对于有名气地位的人等，不必表现得屈从、奉迎。但在言谈举止上则不要过于随便，有必要表现得更加尊重一些。在不是十分严肃隆重的场合，身份较高的人对身份较低的人说话越随和风趣越好，而身份较低的人对身份较高的人说话则不宜太过随便，尤其在公众场合，说话要恰如其分地把握好自己与听者的身份差别。地位则是个人在团体组织中担负的职位和在社会关系中所处的位置。个人的社会地位不同，就会有不同的人生经历、社会职责和交际目的，对口才表达也会产生不同的需求。

例如，与上司说话，或是探讨工作，我们应该尽量向上司多请教工作方法，多讨教办事经验，他会觉得你尊重他，看得起他。所以，在工作中，即使你全都懂，也要装出有不明白的地方，然后主动去问上司："关于这事，我不太了解，应该如何办？"或："这件事依我看来这样做比较好，不知局长有何高见？"上司一定会很高兴地说："嗯，就照这样做！"或："这个地方你要稍微注意一下！"或："大体这样就好了！"如此一来，我们不但会减少错误，上司也会感到自身的价值，而有了他的帮助和支持，后面的事情就好办得多了。

2. 针对对方的特点说话

和人交谈要看对方的身份、地位，还要看对方的性格特点，针对他的不同特点，采取不同的说话方式，这样才有利于解决问题。

春秋时期的纵横家鬼谷子指出："与智者言依于博，与博者言依于辨，与辩者言依于要，与贵者言依于势，与富者言依于豪，与贫者言依于利，与卑者言依与谦，与勇者言依于敢，与愚者言依于锐。"意思是说，和聪明的人说话，须凭见闻广博；与见闻广博的人说话，须凭辨析能力；与地位高的人说话，态度要轩昂；与有钱的人说话，言辞要豪爽；与穷人说话，要动之以利；与地位低的人说话，要谦逊有礼；与勇敢的人说话不要怯懦；与愚笨的人说话，可以锋芒毕露。

一次，孔子的学生仲由问："听到了，就去干吗？"孔子说："不能。"又一次，另一个学生冉求又问："听到了，就去干吗？"孔子说："干吧！"公西华在旁听了犯疑，就问孔子："两个人的问题相同，而你的回答却相反。我有点儿糊涂，故来请教。"孔子说："求也退，故进之；由也兼人，故退之。"

孔子的意思是说，冉求平时做事好退缩，所以我给他壮胆；仲由好胜，胆大勇为，所以我劝阻他。孔子教育学生因人而异，我们谈话也要因人而异。

3. 与异性谈话要注意距离

与同性和异性交流，在说话方式、措辞和态度上都应有所区分，尤其在与异性说话时，要注意关系的亲疏远近，选择适当的称呼用语，谈话中也要尽量避免一些模糊、暧昧的词语，否则容易引起误会甚至对方的反感。

一个男子在火车站候车，看见坐在身边的一位女士风韵照人，便凑上前去搭讪。

男子："你这双袜子是从哪儿买的？我想给我的妻子也买一双。"

女士："我劝你最好别买了，穿这种袜子，会招来不三不四的男人找借口跟你妻子搭腔的。"

所以，男士同女士交谈，一定要对她们的心理有一定的了解，注意男女有别，一定要保持应有的距离，而不能把男人圈里的东西随便搬过来。此外，男性与女性说话，一般不宜贸然提起对方的年龄，尤其和西方女性交流时更要注意这一点。

不同的人在不同的情况下有不同的心态，有时候甚至不会从外部表现上明显地表露出来，这时作为表达者就应当洞察对方的心理，以便进行有效的交流。既然大家日常说话有差别，同样的话，可能对这个人说，他很愿意接受，而对另外一个人说，不但不接受，而且还产生了反感，不利于交流。所以遇到不同的人要说不同的话，"见什么人说什么话"，才能真正引来对方的好感。

好话也得看准时机说

孔子在《论语·季氏》里说："言未及之而言谓之躁，言及之而不言谓之隐，不见颜色而言谓之瞽。"这句话有两层意思：一是不该说话的时候说了，叫做急躁；二是应该说话的时候却不说，叫做隐瞒；三是不看对方的脸色变化，贸然信口开河，叫做闭着眼睛乱说。

这三种毛病都是没有把握说话的时机，没有注意说话的策略和技巧。说话是双方的交流，不是一个人的单方面行为，它要受到各方面条件的制约，如说话对象、周边环境、说话时间等，所以说话要把握时机。如果该说的时候不说，时境转瞬即逝，便失去了成功的机会。同样的，如不顾说话对象的心态，不注意周边的环境气氛，不到说话的火候却急于抢着说，很可能引起对方的误解。如果信口开河，乱说一通，后果就更加严重。所以说话的时机掌握好了是相当重要的。

某学校为两位退休老教师举行欢送会。会上，领导非常得体地赞扬了两位的工作和为人。但是，两相比较之下，其中那位多次获得过"先进"的老教师得到了更多的美誉。这让另外那位老教师感到相当难过，所以在他讲完感谢的话以后，又接着说："说到先进，我这辈子最遗憾的是，我到现在为止一次都没有得过……"这时，另外一位平日里与他不和的青年教师突然开口说："不，不是你不配当先进，是因为我们不好，我们都没有提你的名。"一时间，原本会场上温馨感动的气氛被尴尬所取待。领导看气氛不对，马上接过话说："其实，先进只是一个名义罢了，得没得过先进并不重要，没有评过先进，并不代表你不够先进，我们最重要的还是要看事实……"这位领导本来是想要缓和一下气氛，但是反而使局面更糟糕。

其实，会场的气氛之所以会如此尴尬，最主要的还是退休老教师、青年教师，以及领导没有掌握好说话的时机。就算自己心里面有多少遗憾，这位退休老教师也不应该在欢送会这样的场合上讲出来。对于那位青年教师，也不应该在这样的场合上为了图一时之快，说一些刻薄的不近人情的话。场合出现尴尬的时候，领导也应该极力避开这个敏感话题，而不是继续在这个话题上唠叨不休。

所以，说话要注意时机，把握说话时机非常重要。这个过程，我们要在不同的时间、地点、人物面前说合适的话，该说话时才说话，而且要说得体的话。只要我们有充分的耐心，积极地进行准备，等待条件成熟，顺理成章地表达自己的观点，不仅能赢得对方的开心，又能令自己舒心。具体来说，可以遵循以下原则：

1. 要看准时机再说话，要有耐心，积极准备，时机到了，才能把该说的话说出来。

2. 沉默是金，并不是说要一味地沉默不语，该说话的时候就不要故作深沉。比如，领导遇到尴尬情况了，就需要你站出来为领导打圆场，同事有矛盾了，需要你开口化干戈为玉帛。

3. 别人在说话的时候，不要随意插嘴打断人家的话。

4. 看准时机，说不同的话。这些话都要与当时的场合、时间、人物相吻合。

5. 该说话的时候要说话，因为有时候机会转瞬即逝，错过这个说话的时机，也许以后就不会再有机会了。

得体的幽默最能取悦人心

幽默使生活充满了情趣，哪里有幽默，哪里就有活跃的氛围。在人际交往中，幽默是心灵与心灵之间快乐的天使，得体的幽默最能够取悦人心，没有人会不喜欢能让自己开心的人，如果你能博得他人一笑，自然能够营造轻松愉快的谈话气氛，沟通起来就容易多了。

一个秃头者，当别人称他"理发不花钱，洗头不费水"时，他当场变了脸，使原本比较轻松的环境变得紧张起来。一位演讲的教授，也是一个秃头，他在自我介绍时说："一位朋友称我聪明透顶，我含笑地回答：'你小看我了，我早就聪明绝顶了。'"然后他指了指自己的头说，"我今天演讲的题目是外表美是心灵美的反映。"教授就这样开始了自己的演讲，整个会场充满了活跃的气氛。

同样是秃头，为什么不同的人得到的却是别人不同的认可，其间的缘故就是有没有幽默感。秃头的教授在自我介绍时运用自嘲的方式谈自己的秃头，继而又把自己的秃头和讲座的主题联系起来，表现出随和大度的个性，立刻活跃了气氛。

幽默家兼钢琴家波奇，有一次在美国密歇根州的福林特城演奏，发现听众不到一半，他当然很失望也很难堪，但是他走向舞台时却说："福林特这个城市一定很有钱，我看到你们每个人都买了两三个座位的票。"于是整个大厅里充满了欢笑，波奇也以寥寥数语化解了尴尬的场面。

由此可见，幽默不仅反映出一个人随和的个性，还显示了一个人的聪明、智慧以及随机应变的能力。生活中应用幽默，可缓解矛盾，调节情绪，促使心理处于相对平衡的状态。著名的喜剧大师卓别林曾说："通过幽默，我们在貌似正常的现象中看不出不正常的现象，在貌似重要的事物中看不出不重要的事物。"

幽默并非天生就有，而是需要自己用心培养。那么，怎样培养幽默感呢？

1. 要领会幽默的真正含义

幽默不是油腔滑调，也非嘲笑或讽刺。正如有位名人所言：浮躁难以幽默，装腔作势难以幽默，钻牛角尖难以幽默，捉襟见肘难以幽默，迟钝笨拙难以幽默，只有从容、平等待人、超脱、游刃有余、聪明透彻，才能幽默。

2. 扩大知识面

幽默是一种智慧的表现，它必须建立在丰富的知识基础上。一个人只有具有审时度势的能力、广博的知识，才能做到谈资丰富，妙言成趣，从而有恰当的比喻。因此，要培养幽默感，必须广泛涉猎，充实自我，不断从浩如烟海的书籍中收集幽默的浪花，从名人趣事的精华中撷取幽默的宝石。

3. 陶冶情操

幽默是一种宽容精神的体现，要使自己学会幽默，就要学会宽容大度，克服斤斤计较，同时还要乐观。乐观与幽默是亲密的朋友，生活中如果多一点趣味和轻松，多一点笑容和游戏，多一份乐观与幽默，那么就没有克服不了的困难，也不会出现整天愁眉苦脸、忧心忡忡的痛苦者。

4. 培养敏锐的洞察力

提高观察事物的能力，培养机智、敏捷的能力，是提高幽默的一个重要方面。只有迅速地捕捉事物的本质，以诙谐的语言作出恰当的比喻，才能使人们产生轻松的感觉。

当然，在幽默的同时还应注意，幽默既不是毫无意义的插科打诨，也不是没有分寸的卖关子、耍嘴皮。幽默要在入情入理之中，做到幽默而不俗套，让幽默为人们的精神生活提供真正的养料。

实话要巧说，坏话要好说

在生活中，人与人之间交流是避免不了的，同时说话的双方彼此都希望对方能对自己实话实说。但在某些特定的场合下，如顾及面子、自尊，以及出于保密等，实话实说往往会令人尴尬、伤人自尊，因此，实话是要说的，却应该巧说。那么该如何才能巧妙地去表达呢？如何才能说得既让人听了顺耳，又欣然接受呢？在这里介绍几点：

1. 由此及彼肚里明

两个人的意见发生了分歧，如果实话"实说"直接反驳就有可能伤了和气，影响团结。这个时候就需要我们采取这种方法，因为这样可能会避免一些麻烦。有这样一个例子：

一次事故中，主管生产的副厂长老马左手指受了伤被送往医院治疗，厂长老丁来病房看望时，谈到车间小吴和小齐两个年轻人技术水平较强，但组织纪律观念较差，想让他们下岗。老马当时没有表态，只是突然捧着手"哎哟哎哟"大叫。丁厂长忙问："疼了吧？"老马说："可不是，实在太疼了，干脆把手锯掉算了。"老丁一听忙说："老马，你是不是疼糊涂了，怎么手指受了伤就想把手给锯掉呢。"老马说："老丁，你说得很有道理，我这手受了伤需要治疗，那小吴和小齐……"老丁一下子听出老马的"弦外之音"，忙说："老马，谢谢你开导我，小吴和小齐的事我知道该怎么处理了。"

老马用手有病需要治疗类比人有缺点需要改正，进而巧妙地把用人和治病结合起来，既没因为直接反对老丁伤了和气，而且又维护了团结，成功地解决了问题。

2. 抓心理达目的

这就是要抓住人的心理，运用激将的方法，进而达到自己真正的目的。

一位穿着华贵的妇女走进时装店，对一套服装很感兴趣，但又觉得价格昂贵，犹豫不决。这时一位营业员走过来对她说，某某女部长刚才也看好了这套服装，和你一样也觉得这件服装有点贵，刚刚离开，于是这位夫人当即买下了这套服装。

这位营业员能让这位夫人买下服装，是因为她很巧妙地抓住了这位夫人"自己所见与部长略同"和"部长嫌贵没买，她要与部长攀比"的心理，用激将的方法进而巧妙地达到了让夫人买下服装的目的。

3. 藏而不露巧表达

运用多义词委婉曲折地表明自己要说的大实话。

林肯当总统期间，有人向他引荐某人为阁员，因为林肯早就了解到该人品行不好，所以一直没有同意。一次，朋友生气地问他，怎么到现在还没结果。林肯说，我不喜欢他那副"长相"。朋友一惊道："什么！那你也未免太严厉了，'长相'是父母给的，也怨不得他呀！"林肯说："不，一个人超过40岁就应该对他脸上那副'长相'负责了。"朋友当即听出了林肯的话中话，再也没有说什么。

很显然，这里林肯所说的"长相"和他朋友所说的"长相"，根本不是一回事。林肯巧妙地利用词语的歧义性，道出了"这个人品行道德差，我不同意他做阁员"这句大实话，既维护了朋友的面子，又达到了自己的目的。

适当地随声附和，让交流更顺畅

每个人都希望自己所说的话能得到他人的重视，希望别人对自己的话感兴趣，这是人们的一种普遍心理，如果在谈话中总是得不到对方的回应，定会感到失落和无趣。因此，我们在与人交流时，不但要懂得耐心地倾听，更要学会适当地随声附和，恰当的附和说明你没有走神，一直在用心听对方说话，表达了你对说话者观点的赞赏，还对他暗含鼓励之意，这样，双方的谈话便会进行得更加顺畅。

例如，当你对他的话表示赞同时，你可以说："你说得太好了！""非常正确！""这确实让人生气！"这些简洁的附和让说话者为想释放的情感找到了载体，表明了你对他的理解和支持。同时，听者还可以用一些简短的语句将说者想传达的中心话题归纳一下，能够使说者的思想得以凸显和升华，同时也能提高听者的位置。

当然，我们还可以向说话者提一些问题。这些提问既能表明你对说话者话题的关注，又能使说者更愿意说出欲说无由的得意之言，也更愿意与你进一步交流。

一位老教授与五名学生闲聊着自己当年读研时候的杂事，说："你们现在的生活可真丰富，校园里有体育馆，校园外有游乐园。我当年在你们这个阶段，生活的世界里只有课堂、图书馆和宿舍。"

学生们微微一笑，教授继续说道："不过，那个时候精力都用在读书上也好，搞科研如果基础知识不扎实根本无法谈及创新。还记得我的一个课题是关于青藏高原地质变迁的问题，当时我不仅要查阅自然地理方面的资料，还要查很多地质演变与生物演化方面的资料。当时的科学根本没有现在这么发达，哪里有什么计算机、文献电子稿啊，完全依靠图书馆里纸质的资料，可比你们现在做项目难多了！"

说着，教授停了下来，拿起茶杯饮了两口。

这时，其中一个专心倾听的学生礼貌地问道："老师，您当年的研究方向是青藏高原的地质变迁问题，可参考资料却涉及区域内的生物演化，当时是不是很少有人将这两个角度结合考虑？"

教授会心地看了看这位"好问"的学生，然后得意地说道："很多时候，没人想到的地方你想到了，才会有意外的收获，才能够创新。不信，我们来举个现在的例子，就说说你现在的课题吧！"接着，教授在得意于自己创意思考的同时，更为那名巧妙提问的学生进行了很有创意的课题指导，而那四名只知道听的学生，却没得到教授丝毫的专门指导。

不仅如此，附和地倾听本身还是一种赞美。它能使我们更好地理解别人，有助于克服彼此间判断上的倾向性，有利于改善交往关系。在倾听别人谈话时，你已经把你的心呈现给对方，让对方感受到了你的真诚。我们去倾听别人的时候，也就是我们设身处地地理解他们的幸福、痛苦与欢乐的时候，使我们能够把对方的优点和缺点看得更清楚。而这些结论再通过我们有效的附和来传达给对方，这才能算是一次完美的交流。

认真倾听并在适当时间附和也有利于对方更好地表达自己的思想和情感。在对方明白我们的倾听是对他的尊重以后，他同样会认真地听我们说活，这样大家彼此的交流才能产生良好的效果。所以，在与人交流时，你若想讨对方欢心，想把交流愉快地延续下去，那么，请不要只是傻傻地倾听，要学着适时地附和。

多说"我们"，变成自己人

新婚燕尔，新娘对新郎说："从此以后，就不能说'你的'，'我的'，要说'我们的'。"

新郎点头称是，一会儿，新娘问新郎："亲爱的，我们今天去哪儿啊？"

新郎说："去我表姐家。"

新娘就不乐意了，纠正说："是去我们的表姐家。"

新郎去洗手间，很久了还不出来。新娘问："亲爱的，你在里面干吗呢？"

新郎答道："我在刮我们的胡子。"

　　这虽然是一则笑话，可是它体现了一个问题，即"我们"这个词可以造成彼此间的共同意识，拉近双方的距离，对促进人际关系将会有很大的帮助。

　　曾经有一位心理学家做了一项有名的实验，就是选编了三个小团体，并且分派三人饰演专制型、放任型、民主型的三位领导人，然后对这三个团体进行意识调查。

　　结果，民主型领导人所带领的这个团体表现了强烈的同伴意识。而其中最有趣的就是这个团体中的成员大都使用"我们"一词来说话。

　　经常听演讲的人，大概都有这样的经验，就是演讲者说"我这么想"不如说"我们是否应该这样"更能使你觉得和对方的距离很近。因为"我们"这个词，也就是要表现"你也参与其中"的意思，所以会使对方心中产生一种参与意识，按照心理学的说法，这种情形是"卷入效果"。

　　小孩子在玩耍时，经常会说"这是我的东西"或"我要这样做"，这种说法是由于小孩子的自我显示欲直接表现所造成的。有时在成人世界里，也会出现如此说法，而这种人不仅无法令对方有好印象，可能在人际关系方面也会受阻，甚至在自己所属的团体中形成被孤立的局面。

　　人心是很微妙的，同样是与人交谈，有的人说话方式会令对方反感，而有的人说话方式却会令对方不由自主地产生妥协。

　　事实上，我们在听别人说话时，对方说"我"，"我认为"带给我们的感受，将远不如他采用"我们"的说法，因为采用"我们"这种说法，可以让人产生团结意识。

"我"在英文里是最小的字母，千万别把它变成你词汇中最大的字。

在一次公司年会上，有位先生在讲话的前三分钟内，一共用了6个"我"，他不是说"我"，就是说"我的"，如"我的公司"、"我的花园"等。随后一位熟人走上前去对他说："真遗憾，你失去了你的所有员工。"

那个人怔了怔说："我失去了所有员工？没有呀，他们都好好地在公司上班呢！"

"哦，难道你的这些员工与公司没有任何关系吗？"

亨利·福特二世描述令人厌烦的行为时说："一个满嘴说'我'的人，一个独占'我'字、随时随地说'我'的人，是一个不受欢迎的人。"

在人际交往中，"我"字讲得太多并过分强调，会给人突出自我、标榜自我的印象，这会使对方与你之间筑起一道防线，影响别人对你的认同。

因此，会说话的人，在语言传播中总会避开"我"字，而用"我们"开头。下面的几点建议可供你参考：

1. 尽量用"我们"代替"我"

很多情况下，你可以用"我们"一词代替"我"，这可以缩短你和大家的心理距离，促进彼此之间的感情交流。

例如："我建议，今天下午……"可以改成："今天下午，我们……好吗？"

2. 这样说话时应用"我们"开头

在员工大会上，你想说："我最近作过一项调查，我发现40%的员工对公司有不满的情绪，我认为这些不满情绪……"

如果你将上面这段话的三个"我"字转化成"我们"，效果就会大不一样。说"我"有时只能代表你一个人，而说"我们"代表的是公司，代表的是大家，员工们自然容易接受。

3. 非得用"我"字时，以平缓的语调讲

不可避免地要讲到"我"时，你要做到语气平和，既不把"我"读成重音，也不把语音拖长。同时，目光不要逼人，表情不要眉飞色舞，神态不要得意扬扬，你要把表述的重点放在事件的客观叙述上，不要突出做事的"我"，以免使听者觉得你自认为高人一等，觉得你在吹嘘自己。

第三章
巧妙赞美，拉近彼此距离

赞别人没赞过的美，出其不意更动听

每个人都希望自己有更多的优点被别人赞美，因此要想你的赞美讨人喜欢，就不要跟在别人后面人云亦云，而是竭力去挖掘别人一些不为人知的优点，表现其赞美的独特性，让人得到一些新的刺激，这样效果反而更好。

比如对一个健美冠军，不要去赞美其长得真健壮、真美，因为可能电视、广播、报纸都已介绍过了，而且电台、广播、报纸的赞美不比我们的赞美更让人激动吗？此时，应该挖掘对方的不明显的优点去加以赞美，比如赞美其烹调手艺等。

学会寻找和发现别人与众不同的地方，你的赞美也要巧妙地与众不同；经常既恰到好处又实事求是地赞美别人，别人就喜欢你，你就容易得人心，同时也是你对自己的认可。

因为拍了《真善美》而红遍天下的影星茉莉·安德鲁丝，除了演技好、容貌美、歌声令人陶醉之外，还有一张伶俐的嘴。

有一天，她去聆听鼎鼎大名的指挥家托斯卡尼尼的音乐会，在

音乐会结束之后，她和一些政要名流一起来到后台，向大指挥家恭贺演出的成功。

大家都夸奖指挥家："指挥得实在是棒极了！""抓住了名曲的神韵！""超水准的演出！"大指挥家——答谢，由于疲累，而且这种话实在是听得太多了，所以脸上显出有些敷衍的表情。忽然，他听到一个高雅温柔的声音对他说："你真帅！"

抬头一看，是茉莉·安德鲁丝。

大指挥家眼睛亮了起来，精神抖擞地向这位美丽的女士道谢。

事后，托斯卡尼尼高兴地到处对人说："她没说我指挥得好，她说我很帅哩！"恐怕大指挥家还是头一回听到有人赞美他帅呢！

就这样，大指挥家把茉莉当成了挚友，时时去为她捧场。虽然只是一次见面，大指挥家就时常抱怨与她"相见太晚"。

真正高明的赞美表现为独具慧眼。独具慧眼的赞美者善于发现被赞美者别人发现不到的优点、长处。比如，面对一幅油画作品，几乎所有的人都异口同声地叹道："真是太绝了！""我再练十年恐怕也赶不上！"油画家对这样的赞美早就习以为常了。唯独有一个人细心，发现了与众不同之处，慢慢地说道："常言说，画如其人。您的画运笔沉稳，是和您刚正不阿的秉性、对人生与社会的深刻思考分不开的。这是您跟一般画家最大的不同点，也是最大的优点。"谈画论人，在行在理，独辟蹊径，巧妙地换了个新角度，令人耳目一新。他的赞美与众不同，技高一筹，非常讨画家喜欢。

此外，我们可能都有过这样的体验。当你夸奖朋友取得的成绩时，他会说："你不知道我付出了多少心血！"言语间仿佛有你不知其艰辛，只看结果不看过程的意思。相反，如果你说："真不错，一定花了你许多的心血吧！"他就会觉得心里舒服，认为你很了解他。可见，夸奖劳动的付出是必不可少的，甚至效果更佳。其实，很多人做事并不仅仅在乎结果，更注重过程。如果你人云亦云地夸奖他取得的成果，不但有势利之嫌，还会让人这样想："如果我失败了呢？"因而对你心生厌恶也未可知。

由此可见，赞美不是一味地奉承说好话，每个人都希望受到别人的关注，我们要学会发现别人身上隐藏的闪光点，把赞美的话说到点子上，才能达到最好的效果，如果人云亦云，在对方看来既乏味又粗糙，反而令人生厌。

背后赞美别人，更能让人开心

人人都爱听好话、戴高帽，但好听的话、赞美的话也不一定要当着别人的面说，当面赞美别人，虽然也能拉近彼此的距离，但是难免带上一点恭维的成分，沾上奉承的色彩。但是，背后赞美别人就没有这些弊端，向第三个人间接地赞美别人，通常会被认为是发自内心的，是诚恳的，因此更容易让人相信和接受。背后赞美就是通过第三者在无意间转述自己对他人的好感或者赞美，或者通过创造某种特定的环境条件，让对方听到自己对他的评价。《红楼梦》中有这么一段：

史湘云、薛宝钗劝贾宝玉做官，贾宝玉大为反感，对着史湘云和袭人赞美林黛玉说："林姑娘从来没有说过这些混账话！要是她说这些混账话，我早和她生分了。"

凑巧这时黛玉正来到窗外，无意中听见贾宝玉说自己的好话，

"不觉又惊又喜，又悲又叹"。结果宝黛两人互诉肺腑，感情大增。

因为在林黛玉看来，宝玉在湘云、宝钗、自己三人中只赞美自己，而且不知道自己会听到，这种好话就不但是难得的，还是无意的。倘若宝玉当着黛玉的面说这番话，好猜疑、使小性子的黛玉恐怕会说宝玉打趣她或想讨好她。

可见，背后赞美比直接赞美更明智，更容易打动对方。在背后说一个人的好话比当面说好话要好得多，你不用担心他不知道，你在背后说他的好话，很容易就会传到他的耳朵里。

一位妻子就非常懂得使用背后赞美的方法，让她的丈夫对她百依百顺、言听计从。结婚不久，闺中密友经常打电话和她聊天，每当别人问道："你现在还好吧？"她总是一脸幸福欢快地笑着说："他对我很好，只要我哪儿不舒服，他就叮嘱我吃药、喝水……还有他很会做饭，他做的水煮鱼好香好香……我工作忙的时候，他就收拾家务，比我打理得还好……"在她这样说的时候，她的丈夫一定就在她不远的地方，看上去似乎在忙自己的事情，其实正竖着耳朵听，心里高兴得不得了。其实，一开始他只会西红柿炒鸡蛋，收拾屋子也是偶尔为之。没想到，听到妻子在别人面前这样夸他，他就有了劲头去做，后来成了一个"模范丈夫"。

从心理学的角度说，当一个人发现别人对他的印象和评价与他自己期望的不一样，他就会自觉地调整和修饰自己的言行，以期符合别人对自己的看法。这位妻子深深懂得背后赞美的奥妙，轻松地把一个原本不出色的男人变成了模范丈夫。

背后说人坏话是令人讨厌的，一方面是背后说坏话，会有中伤别人的感觉；另一方面，人们会觉得背后的评价更能体现那个人内心的真实想法。同理，当他知道一个人在背后赞美自己的时候，他也会感觉你真的是这样想的，会更加高兴。

　　不要担心你在别人面前说另一个人好话，那些好话当事者不会听见，这世上没有不透风的墙，就算赞美传不到他本人的耳朵里，别人也会因为你在背后夸奖他人而更加敬重你。

不露痕迹的赞美才是真功夫

　　人人都懂得要时常赞美别人，但很少有人懂得赞美的艺术，恰如其分的赞美只是基本要求，赞美他人不露痕迹才是真功夫。在某些特定的情况下，故作不识赞美对方便是一种巧妙的方法。

　　一个叫彭玉麟的官员，有一次路过一条狭窄的小巷。一个女子正在用竹竿晾晒衣服，一不小心竹竿掉了下来，正好打在彭玉麟的头上。彭玉麟勃然大怒，指着女子破口大骂起来。那女子一看，认出他是当地武将彭玉麟，不禁冷汗直冒。但她猛然间急中生智，便正色道："你这副腔调，像行伍里的人，这样蛮横无理。你可知彭玉麟就在此地！他清廉正直，爱民如子，如果我去告诉他老人家，怕要砍了你的脑袋呢！"

　　彭玉麟一听这女子夸赞自己，不禁高兴起来，而且又意识到自己的失态，马上心平气和地走了。

　　晒衣女子失手掉落竹竿，打在彭玉麟头上，可谓无意却很凑巧。所幸晒衣女急中生智，采用美誉推崇的方式来把他夸奖一番。她装作不知道对方是谁反而斥责对方蛮横无理，并且夸彭玉麟清廉正直，说向彭玉麟告状会治他的罪。这并非"当面"夸奖，却胜过当面夸奖，说得彭玉麟心里美滋滋的：自己在民间居然有这么好的吏治声誉，绝不应该为这些小事而损害形象。他翻然醒悟之后，便转怒为笑，一场眼看就要降临的灾祸就这样巧妙地化解了。

晒衣女子的这一招的确高明，一顶恰到好处的高帽往往能浇灭对方的怒火。因为维护自己在别人心目中的好形象是每个人本能的选择，在一番恭维话面前，谁还有心情去生气呢？

人们都希望自己在别人心目中能有好的名声，又经常不敢相信别人当面的夸赞，害怕这种夸赞是逢场作戏，而在私下里颇有微词。这时，一种特殊的赞美方式就派上用场了，这就是"故作不识夸对方"。像故事中的女子，就很好地用了这种方法，让彭玉麟高兴的同时，也给自己免了一灾。

传说当年康熙皇帝微服私访，到了太原地界，找一个客店住了下来。店家开始看他也就是一个财主，读过一些书，带着两个仆人来这里办事，也就没有特别地关照。谁知当天晚上，店家睡觉之前上茅厕，路过这个"财主"的房门时，听到里面说道："把朕的御扇拿来，这里真是太热了。"

这店家也是读过几天书的，他心里想："朕、御扇，这不是皇帝才能用的吗？难道这位客官真的是当今皇上？"想到这里，他不禁吓出了一身冷汗。

第二天康熙很早就起床活动身体了，待到走出屋门一看，见大门大敞着，过了一会儿，店家睡眼惺忪地从他的房里出来了，见到康熙忙作揖道："客官，起这么早啊？"

康熙很纳闷儿："店家，我还以为你这么早就出去了呢，原来才起床啊。那你这院门怎么不关？不怕晚上遭贼吗？"

店家听了呵呵笑道："客官，当今皇帝治理国家有声有色，我们小民有什么小冤屈，他老人家听说了都要亲自过问呢。尤其派到太原来的知府大人，更是没得说，没两年把这里治理得夜不闭户、路不拾遗。我这客店的门现在是爱关不关，就是忘了，让它大敞着一宿，也不会有事的。"

康熙非常高兴，等到回宫之后，马上传旨嘉奖山西巡抚和太原知府，还赏了那个店家一些银两。

康熙是我国历史上少有的贤明皇帝，常常通过微服私访来看看自己治理的天下到底是怎么样的。店家就是利用了他微服私访这个特点，假装不认识他，然后对他治理天下的成就大大赞扬了一把，让皇帝欢喜。

因为"不认识"，所以再多的赞美也不会像是溜须拍马，反而显得更加真实和自然，被赞美的一方也不会觉得难为情，只会在心里暗自高兴，这一点，与背后赞美别人有异曲同工之妙，不同的是，故作不识赞美对方，能够造成一种对方的美名远播的印象，就连素昧平生的陌生人都知道他的美名，这比背后赞美别人又更进一步。当然，"故作不识夸对方"，关键还是"不识"，如果对方明明知道你认识他，就更像是溜须拍马了。

借他人名义，让你的"捧"更受宠

俗话说："雾里看花花更美。"赞美之词未必要从你嘴里说出来。可以以第三者的名义。比如，若当着面直接对对方说"你看来还那么年轻"之类的话，不免有点恭维、奉承之嫌。如果换个方法说："你真是漂亮，难怪某某一直说你看上去总是那么年轻！"可想而知，对方必然会很高兴，而且没有阿谀之嫌。

在一般人的观念中，总认为"第三者"所说的话是比较公正的实在的。因此，以"第三者"的口吻来赞美，更能得到对方的好感和信任。

1997年，金庸与日本文化名人池田大作展开一次对谈，对谈的内容后来辑录成书出版。在对谈刚开始时，金庸表示了谦虚的态度，说："我虽然过去与会长（指池田）对谈过世界知名人士不是同一个水平，但我很高兴尽我所能与会长对话。"池田大作听罢赶紧说："你太谦虚了。您的谦虚让我深感先生的'大人之风'。在您七十二年的人生中，这种'大人之风'是一以贯之的，您的每一个脚印都值得我们铭记和追念。"池田说着请金庸用茶，然后又接着说："正如大家所说'有中国人之处，必有金庸之作'，先生享有如此盛名，足见您当之无愧是中国文学的巨匠，是处于亚洲巅峰的文豪。而且您又是世界'繁荣与和平'的香港舆论界的旗手，正是名副其实的'笔的战士'。《春秋·左传》有云：'太上有立德，其次有立功，其次有立言，是之谓三不朽。'在我看来，只有先生您所构建过的众多精神之价值才是真正属于'不朽'的。"

　　在这里池田大作主要采用了"借用他人之口予以评价"的赞美方式，无论是"有中国人之处，必有金庸之作"，还是"笔的战士"、"太上……三不朽"等，都是舆论界或经典著作中的言论，借助这些言论来赞美金庸，既不失公允，又能恰到好处地给对方以满足。

　　假借别人之口来赞美一个人，可以避免因直接赞美对方而导致的吹捧之嫌，还可以让对方感觉到他所拥有的赞美者为数众多，从而心里获得极大的满足。

　　在生活中，要善于借用他人，特别是权威人士的言论来赞美对方，借此达到间接赞美他人的目的。权威人士的评价往往最具说服力，因此引用权威言论来赞美对方是最让对方感到骄傲与自豪的，如果没有权威人士的言论可以借用，借用他人的言论也会收到不错的效果。

捧人要高低有"度"

　　捧人如果把握不好"捧"的分寸和尺度，肤浅的"捧"会让人感到乏味与空洞，使被捧者丝毫感觉不到一种荣耀，并会在你的言语中产生一种不安与困惑，进而对双方交际产生一些不良的后果。而适度的"捧"，可以使被"捧"者迅速产生认同感，进而对你抱以信赖的态度，产生与你积极沟通交流的愿望。

　　总体来说，掌握赞美他人的艺术，需要我们在生活中多观察、多总结，只有这样，才能够准确恰当地运用它来达到我们与他人沟通的目的。对此，有些必须重视的问题我们万万不可忽视：

1. "捧"要得体，不可过于夸张

夸张是语言的一种修辞方法，在赞美他人时适当地夸张一点能够有利于表达自己的感情，对方也乐于接受，但过分地夸张就有阿谀奉承、溜须逢迎之嫌，甚至会让对方怀疑你赞美他的真实目的。

董明娶了一个漂亮的妻子，大家都夸他妻子漂亮，董明心里也美滋滋的。他夸张地对妻子说："你真漂亮，自从我娶了你之后，连电视都不想看了。"电视中美女如云，不可能个个都比不过他妻子。听了董明的赞美，妻子不屑地扔出"虚伪"二字。

夸张终归是夸张，如果夸张过度，赞美也就变了味。过分地夸张往往使赞美脱离了实际情况，让人感觉到缺乏真诚的东西。再如，对于一般的知识分子，你夸他智力超群，独树一帜，会令人生厌；对长相丑陋的女性，你夸她美貌过人，她会认为你在讽刺她。

2. 不要滥用吹捧

这里讲的滥用是指相对时期内对一个对象赞美的次数。次数太少，起不到应有的作用；次数太多，也会削弱应有的效果。而赞美的频率是否适中，是以受赞美者优良行为的进展程度为尺度的。如果被赞美者的优良行为同赞美的频率成正比，则说明赞美的频率是适度的；如果呈现反比的现象，则说明赞美的频率过高，已经到了"滥施"的程度。

3. 不要说外行话

赞美他人是对他人的认可和肯定。所以在赞美时，不能说外行话，要慎重选择赞美的角度，不要不懂装懂，落下笑柄。

有个年轻人本不懂诗，但有一个偶然的机会，他有幸遇到了一位诗人。年轻人趁机恭维道："您的诗写得再好不过了，我读了好几遍也没读懂。"年轻人是只知其然，而不知其所以然，这位诗人的诗写得好，但究竟好在哪里？年轻人就说了外行话，用读不懂来形容，简直是在亵渎诗人的作品。

要想不说外行话，在赞美时需要注意：

第一，美言适可而止。心里要谦虚，赞美别人时有所保留，不要打肿脸充胖子，硬装内行。

第二，多用模糊语言。赞美行家，不要说得过细，因为他比你懂得多。如对书法家，说"你的字写得太好了，什么时候指点指点我"即可，没有必要说他的字好在哪里。

第三，类比熟悉事物。选择自己熟悉的事物作类比，以免出漏洞。

第四，看得远一点儿。赞美不仅要符合眼前实际，而且要高瞻远瞩，具有一定的前瞻性和预见性。

还有，某些东西具有相对稳定性，比如人的容貌、性格、习惯等，这方面比较容易赞美。而有些东西则不稳定，如人的行为、成绩、思想、态度等，若从长远考虑，赞美时要谨慎。

例如，有些人入党之前各方面表现都很积极，领导便开始称赞他："该同志一直……"有经验的人就会想，先别夸那个，慢慢看吧。果然，他入党之后，各方面就开始松懈了。人迫于某种压力或某种需求，做一件好事很容易，难的是一辈子都做好事。

如果赞美人时仅限于就事论事，极易犯目光短浅的错误。

用"吹气球"艺术，恰当赞美男人

赞美男人就像吹气球，吹得太小不好看，吹得太大则会爆破。因此，赞美男人并非多多益善，而是要恰到好处。

据说有一个年轻人曾经给恩格斯写了一封热情洋溢的信，信中称赞恩格斯是一位无与伦比的革命导师，一位伟大的思想家，甚至称其为马克思的再现等，恩格斯并没有因为这封信而有丝毫的感动，反而生气地回信说："我不是什么导师、思想家，我的名字叫恩格斯。"恩格斯作为一位杰出的思想家，他不喜欢别人在赞美他时用似乎有些夸张的词汇，又因为他和马克思近几十年的友谊，他是非常尊敬马克思的，当然会忌讳别人称他为"马克思的再现"。

事实上，要对男人做到褒扬有度是有技巧的。

1. 比较性的赞美

两个人或两件事相比较，在夸奖对方的同时，让他意识到自己的优点和存在的差距，使对方对你的赞美深信不疑。

有一次，汉高祖刘邦与韩信谈论诸将才能高下。刘邦问道："你看我能指挥多少兵马？"韩信回答："陛下至多能指挥十万兵马。"刘邦又问："那你能指挥多少兵马呢？"韩信自豪地回答："臣多多益善耳。"刘邦笑道："既然你带兵的本领比我大，却为什么被我控制呢？"韩信很诚实地说："陛下不善于指挥兵，但善于驾驭将，这就是我被陛下控制的原因。"

刘邦自己也曾说过，统一指挥百万军队，战无不胜，攻无不克，他不如韩信。这是他做了皇帝以后对自己的评价。韩信的赞美，首先肯定了刘邦控制大臣为自己效命的能力，但又指明了他在带兵作战方面与自己相比有不足之处，正与刘邦的自我评价相吻合。话说得很实在、很坦诚，刘邦不但不怒，反而很满意。此时，韩信与刘邦关系已很紧张，如果他违心地恭维刘邦调兵遣将无所不能，恐怕刘邦不愿意听，甚至会怀疑他在吹捧、麻痹自己。

2. 根据对方的优缺点提出自己的希望

金无足赤，人无完人。对男人有所保留的赞美应既看对方的优点和长处，同时又看到他的弱点和不足，讲究辩证法。

常言道："瑕不掩瑜。"指出对方的缺点和不足，并提出一定的希望，不仅不会损害你赞美的力度，相反，却使你的赞美显得真诚、实在，易于被人接受。尤其是领导称赞男下属时，要有一是一，有二是二，把握分寸，要有所保留。可以多用"比较级"，慎用"最高级"。领导在表扬时，可以把批评和希望提出来。

对男人而言，有效的赞美不应该总是绝对化。像"最好"、"第一"、"天下无双"这类的帽子别乱戴。有个企业的广告词说："只有更好，没有最好。"就显示了企业的真诚承诺，而不是哗众取宠，华而不实，在消费者中影响很好。实际上，一般人都对自己有个客观的认识和评价，如果你的赞美毫无遮拦，就会让人感觉你曲意奉承，难以接受。

所以，赞美男人时必须记住：一个人的成绩和优点毕竟是有限的。许多伟人看自己时，也都是有所保留。因此，赞美男人，应当一分为二，有成绩肯定成绩，有不足也要说明不足，控制好赞美的度。

赞美女人，要能力和优点双管齐下

赞美女人漂亮、可爱当然可以获得她们的欢心，但现代社会女性的地位大大提高，"女人能顶半边天"。女性们也普遍有"我能干"的强烈愿望。如果能找到她们能力上的优点予以赞美，她们会非常高兴。

一次，小蒙去银行取钱，人很多，年轻漂亮的女职员忙个不停，看起来她有点不耐烦，估计她心情不是很好。小蒙很想跟她交谈，怎么开口呢？

观察了一会儿，小蒙发现了女孩的优点。轮到他填取款单时，他边看她写字边称赞说：

"你的字写得真漂亮！现在像我们这样的年轻人，能写这么一手好字的人，确实不多了。"

女职员吃惊地抬起头，听到顾客的称赞，她心情好了点，但又不好意思地说：

"哪里哪里，还差得远呢！"

小蒙认真地说："真的很好，看上去你像是练过书法，我说得对吗？"

"是的。"

"我的字写得一塌糊涂，能把你用过的字帖借给我练练字吗？"

女职员爽快地答应了，并约好了下午到办公室来取。一来二往，两人有了感情，并最终结成了良缘。

　　当然，在赞美女性有能力的时候，必须是由衷的，有人在赞美女性能力时往往表现出漫不经心："你的文章写得很好"、"你的这件事办得不错"、"你唱的歌很好听"……这种缺乏热诚的空洞的赞美并不一定能使女性感到高兴，有时甚至会由于你的敷衍而引起对方的反感和不满。

　　真正聪明的人在赞美女性能力时，则尽可能热情些、具体些。比如，上述三种情形，他会分别说，"这篇文章写得很好，特别是后面的这一问题有新意"，"这件事情办得不错，让我们学了一招"，"你的歌唱得不错，不熟悉的人没准还以为你是专业演员哩"。这种充满了真诚、自然的赞美，无疑会使女孩子愉快地接受。

第四章
抓住对方心理，让他乐意听你的

要说服一个人，最好先把他抬高

要说服一个人，最好先把他抬高，给他一个超乎事实的美名，就像用"灰姑娘"故事里的仙棒，点在她身上，会使她从头到脚焕然一新。对于那些地位显赫、有权有势的人，想要说服他，更要学会先抬高、后说服的策略。

古时候，有位宰相请理发师给他修面。那理发师修面修到一半时，忽然停下刮刀，两眼直愣愣地看着宰相的肚皮。

宰相见理发师傻乎乎发愣的样子，心里很纳闷儿："这平平板板的肚皮有什么好看呢？"就问道：

"你不修面，却看我肚皮，这是为什么呢？"

"听人们说，宰相肚里能撑船，我看大人您的肚皮并不大，怎么可以撑船呢？"

宰相一听，哈哈大笑。

"那是讲宰相的度量十分大，能容天容地容古今，对鸡毛蒜皮的小事从不斤斤计较。"

理发师一听这话，"扑通"一声跪倒在地，哭着说："小人该死，方才修面时不小心将大人您的眉毛刮掉了，万望大人大德大量，恕小的一罪！"

宰相听说自己的眉毛被刮了，不禁怒从心起，正想发作，转念一想：刚才自己还讲宰相的度量很大，我又怎好为这小事给他治罪呢？于是，只好说："不妨，不妨。"

聪明的理发师以曲折迂回之法，层层诱导宰相进入自己早已设定的能进难退的"布袋"中，避免了一场灾难。

莎士比亚曾说："假如他没有一种德行，就假装他有吧！"给他们一个好的名声来作为努力的方向，他们就会不计前嫌，努力向上，而不愿看到你的希望破灭。

生活中，难免会遇见亲朋好友为了某些事而发生冲突，这时候，女人往往需要出面调解做和事老。但是，和事老并不好做，这是个两边不讨好的差事，如果没有比较高超的语言技巧，往往会把自己陷进去，成为一方甚至双方攻击的对象。但是冲突总得有人调解，或许这个人就是自己，那该怎么办呢？

俗话说："一个巴掌拍不响。"在双方接受自己来进行调解之后，可以考虑抬高一方，让其主动退出争执，另一方没了冲突对象，纠纷自然化解了。

让当事人为顾全面子而退出争执。对一方当事人进行夸奖，讲述他曾经有过的可引以为自豪的事情，唤起他的荣誉感，使之为了保全荣誉感和面子，主动退出争执。这种方式对于绝大多数受过良好教育的人都非常有效，因为荣誉和颜面往往是他们很看重的，是他们约束自己的动力。

小王与小刘是学校新来的两位年轻教师，小王心细，考虑事情周到；小刘性情鲁莽，但业务能力强。两人因一件小事发生争执，小王说不过小刘，并且被小刘训了一顿，小王觉得非常委屈，就去找年级主任诉苦。主任说："小王啊，你脾气好，办事周到，大家都很欣赏。你是个细致的人，小刘是个急性子，脾气上来了连自己说了什么都不知道。你怎么能和他计较呢？你一向都非常注意团结同事、不感情用事的，怎么能为了这么点事情就觉得委屈呢？"一番话说得小王心里又甜又酸，从此再也不和小刘争执了。

事例中主任就是巧妙地运用了抬高一方的方法。她先夸奖小王，然后强调两人之间的差距，让听话者的一方受到赞扬，从而轻易化解了两人之间的冲突。

不过这个调解办法在使用时必须注意不可伤害到另一方的自尊，你对一方的"抬高"最好不要当着另一方的面说，否则会事倍功半，收效不佳。

另外，跟当事人说一件很重要的事让他感觉到自己的地位及价值的存在，从而让他退出争执，也是一种不错的方法技巧。冲突之所以持续，往往是一种非理性情绪支配的结果。所以，如果在调解冲突时，提出一件足以唤起一方理性思考的事情，转移其注意力，往往也能达到让一方退出争执、化解冲突的目的。

每个人都希望别人赞同自己而不是事事屈服于别人，被别人说服意味着对方比自己强，因此被说服的人大多是不太愉快的，很多人固执己见常常是因为放不下面子，因此说服之前抬高对方，先满足对方的自尊心和虚荣心，把对方捧得高高在上，再提出建议，他便不会觉得受了轻视和伤害，说服自然更加容易。

站在对方的立场说话，更容易被接受

当我们和别人商谈什么事情时，我们习惯将自己的想法和意见强加给别人，而没有站在对方的立场仔细想想，这种说话方式其实是有碍沟通的。如果单纯从自己的角度出发，说："我认为、我想……"可能无法引起对方的兴趣，甚至会反问你"这与我有什么关系"。所以，当你希望说服对方配合或者为你办什么事时，首先应该从对方的角度出发，提出对他有利的条件或利益，这样你的意见才更容易被对方接受。

劝说别人时，站在对方的立场上，才能让别人听着顺耳，觉得舒服。站在对方的立场上，设身处地地想，设身处地地说。如此，不仅能使他人快乐，也能使自己快乐。站在对方的立场考虑问题，你会发现，你跟他有了共同语言，他的所思所想、所喜所恶，都变得可以理解甚至显得可爱。在各种交往中，你都可以从容应对，要么伸出理解的援手，要么防范对方的恶招。许多人不懂得如何站在对方立场上思考和说话，这是导致很多事情做不成功的原因。

站在他人的立场上说话，能给他人一种为别人着想的感觉，这种投其所好的技巧常常具有极强的说服力。要做到这一点，"知己知彼"十分重要，唯先知彼，而后方能从对方立场上考虑问题。成功的人际交往语言，有赖于发现对方的真实需要，并且在实现自我目标的同时给对方指出一条可行的路径。

春风剧场门前有一位年近六旬的老太太摆着一个小摊，卖瓜子、花生之类的小食品。

某日，市里要检查卫生，剧场管理员小王要老太太回避一下，说："老太太，快把摊子挪走，今天这里不许卖东西。"

"往天许卖，今天又不许卖，世道又变了吗？"

"世道没有变，检查团要来了。"

"检查团来了就不许卖东西？检查团来了还许不许吃饭？"

"检查团来了，地面不干净要罚款的。"小王加重了语气。

"地面不干净关我什么事？"

小王无言以对，悻悻而退。

管理自行车的刘师傅随后走了过来，说道："老嫂子，你这么一把年纪，没早没晚的又能挣几个钱呢？检查团来了，真要罚你一笔，你还能打场官司不成？再说，检查团不会天天来，饭可是要天天吃，生意可是要天天做的。"

"嗯！姜还是老的辣。好，我这就走。"老太婆边说边笑地把摊子挪走了。

管理员小王之所以劝阻不成反讨没趣，就因为他只是一味地讲抽象的大道理，却没有站在老太太的角度上耐心地帮助她分析利弊。而刘师傅就懂得这一点，他从老太太的切身利益出发，向她指出了只考虑眼前的小利而不顾长远利益的不良后果，使她真正认识到了自己固执行为的不明智，于是心服口服地接受了规劝。

一个人最大的痛苦之一就是没人理解，如果我们能站在别人的立场上说话，那对于他来说是一种莫大的幸福。要想把事情办好，最好的办法就是让对方感动，而站在对方的立场上说话无疑是不错的方法。也许你会质疑："站在对方的立场上说来容易，实际要做的时候却很难。"没错，站在对方的立场上说话确实不容易，但却不是不可能，许多人都能做到这一点。如果不这么做，谈话成功的希望就可能很小了。会说话的人都善于揣摩对方的心理，尽量站在他人的角度来设想，并且乐此不疲。

俗话说"打蛇打七寸"，蛇虽然移动迅速、灵活凶猛，但也有自己最脆弱的地方，击中要害便能将其制服。说服别人就像"打蛇打七寸"一样，抓住对方切身利益的得失，会使他的心弦受到颤动，促使他深入思考，从而作出改变。

利用逆反心理，说服个性倔犟的人

"请不要阅读第七章第七节的内容。"这是一个作家写在其著作扉页上的一句饶有趣味的话。后来，这个作家作了一个调查，不由得笑了，因为他发现绝大部分的读者都是从第七章第七节开始读他的著作的，而这就是他写那句话的真正目的。

当别人告诉你"不准看"时，你却偏偏要看，这就是一种"逆反心理"。逆反心理是人们彼此之间为了维护自尊，而对对方的要求采取相反的态度的一种心理状态。在日常生活中，常会有"不受教"、"不听话"，与别人"顶牛"、"对着干"的事情出现。人们常常通过这种与常理背道而驰的行为，来显示自己的"高明"和"非凡"，来抗拒和摆脱某种约束，或者来满足自己的好奇心、占有欲。这种欲望被禁止的程度愈强烈，它所产生的抗拒心理也就愈大。所以，如果能善于利用这种心理倾向，不仅可以将顽固的反对者软化，使其固执的态度发生一百八十度的大转变，而且可以打破对手原有的意念，让他按你的意思去办。

据说明朝时，四川的杨升庵才学出众，中过状元。因嘲讽过皇帝，所以皇帝要把他充军到很远的地方去。朝中的那些奸臣更是趁机公报私仇，向皇帝说，把杨升庵充军海外，或是玉门关外。

杨升庵想："充军还是离家乡近一些好。"但是皇帝对他怀恨在心，如果直接提要求，肯定得不到应允。于是就对皇帝说："皇上要把我充军，我也没话说。不过，我有一个要求。"

"什么要求？"

"宁去国外三千里，不去云南碧鸡关。"

"为什么？"

"皇上不知，碧鸡关呀，蚊子有四两，跳蚤有半斤！切莫把我充军到碧鸡关呀！"

"哦……"

皇帝不再说话，心想："哼！你怕到碧鸡关，我偏要叫你去碧鸡关！"杨升庵刚出皇宫，皇上马上下旨："杨升庵充军云南！"

杨升庵利用"对着干"的心理，粉碎了奸臣的打算，达到了自己要去云南的目的。

其实每个人身上都有一根"反骨"。例如，有一个人站在高楼顶上欲跳楼自杀，而旁人也在拼命说些"不要跳"或"不要做傻事"之类的话，这更是助长了他跳楼的意念；相反，若你说："如果你真想跳的话，那就跳吧！"他可能会感到很泄气，没料到旁人竟不予阻止，反而鼓励他跳下，这完全背离了他原先的期待，这种对于劝阻的期待，一旦为他人所背离，反而会失去原有的意念。

逆反心理可以造成这样的一种心理结果，即你越是制止人们的某种行为，他们越是想要这样去做；如果你坚持采取某种行动，结果却会使对方采取相反的行动。利用这种心理效果，我们可以设下一个小陷阱，刺激对方的逆反心理，使其主动地钻进来，以达到改变人们某种行为的目的。可见，巧妙地利用别人的逆反心理是可以有效地改变其行为的，我们要善于利用这一点，学会对人们进行善意的规劝和说服。

可见，无论男性女性，长者幼小，他们内心多多少少都带有一些逆反心理，只要我们善于抓住那一根"反骨"，轻轻一扭，就连皇帝也会按照你的意思去办。这的确不失为一种省心省力又奏效的说服方法。

巧用好奇心影响他人行为

每个人都天生有一种猎奇心理，对那些新鲜事物或传闻有强烈的好奇心，越是自己不知道的事物就越有兴趣去了解，也就是说，好奇心是一种强大的推动力，能够在无形中调动一个人的积极性，诱导人们行动。因此，我们在与人交往的过程中，要学会洞察他人的这种猎奇心理，充分利用别人的好奇心来影响对方的行为，这样做有时比直接劝说更有效。

一个工头，他常常坚持反对一切改进的计划。李工程师想装一个新式的指数表，但他想到那个工头必定要反对，于是李工程师就去找他，腋下挟着一个新式的指数表，手里拿着一些要征求他的意见的文件。

当大家讨论着关于这些文件中的事情的时候，李工程师把那指数表从腋下移动了好几次，工头终于先开口了："你拿着什么东西？"

李工程师漠然地说:"哦! 这个吗? 这不过是一个指数表。"

工头说:"让我看一看。"

李工程师说:"哦! 你不要看了。"并假装要走的样子,并说,"这是给别的部门用的,你们部门用不到这东西。"

但是,工头又说:"我很想看一看。"

当他审视的时候,李工程师就随便但又非常详尽地把这东西的效用讲给他听。

工头终于喊起来:"我们部门用不到这东西吗? 它正是我想要的东西呢!"

李工程师故意这样做,果然很巧妙地把工头说动了。

通常情况下,这位刚愎自用的工头是不会轻易按照别人说的去做,而李工程师之所以能够轻而易举地让工头使用新式的指数表,正是利用了他的好奇心,装作一副故意不让对方知道的样子,引起对方的注意,而李工程师越是说这个东西用不着,工头便越要探个究竟,之后便可顺水推舟达到目的。

每个人都有好奇心,因为好奇而想要了解某些事物。当这些事物被禁止时,最容易引起人们强烈的好奇心和求知欲。特别是只做出禁止而又不解释禁止原因的时候,反而更加激发了人们的逆反心理,使人们更加迫切地想要了解该事物。因此,你越是禁止,对方越是想知道,形成一种相对的局面。因此,我们不妨在适当的时候迎合他人的好奇心,让别人跟着你的思路走。

巧妙提问，让对方只能答"是"

在沟通心理学上有一个重要的"6+1"法则，用来说明这样一种现象：一个人在被连续问到 6 个作肯定回答的问题之后，那么第 7 个问题他也会习惯性地作肯定回答；而如果前面 6 个问题都作否定回答，第 7 个问题也会习惯性地作否定回答，这是人脑的思维习惯。利用这个法则，你如果需要引导对方的思路，希望对方顺从你的想法，你可以预先设计好 6 个非常简单、容易让对方点头说"是"的问题，先问这 6 个问题作为铺垫，最后再问一个最重要和关键的问题，这样对方往往会自然地点头说"是"。

日本有个聪明绝顶的小和尚，他的名字可谓家喻户晓：一休。有一次，大将军足利义满把自己最喜爱的一只龙目茶碗暂时寄放在安国寺，没想到被一休不小心打碎了。就在这时，足利义满派人来取龙目茶碗。

大家顿时大惊失色，不知所措，茶碗已被一休打碎，拿什么去还呢？

一休道："不必担心，我去见大将军，让我来应付他吧！"

一休对将军说："有生命的东西到最后一定会死，对不对？"

足利义满回答："是。"

一休又说道："世界上一切有形的东西，最后都会破碎消失，是不是？"

足利义满回答："是。"

一休接着说："这种破碎消失，谁也无法阻止是不是？"

足利义满还是回答："是。"

一休和尚听了足利义满的回答，露出一副很无辜的神情接着说："义满大人，您最心爱的龙目茶碗破碎了，我们无法阻止，请您原谅。"

足利义满已经连着回答了几个"是"，所以他也知道此事不宜再严加追究了，一休和尚和外鉴法师便这样安然地渡过了这一难关。

可见，在说服中，可以先巧设陷阱，在对方没有防备的情况下，诱其说"是"。让对方多说"是"的好处就是使对方在不知不觉中一步步坠入圈套，这时候你便牵住了他的"牛鼻子"，对方于是不得不就范。

一个人的思维是有惯性的，当你朝某一个方向思考问题时，你就会倾向于一直考虑下去，这也就是为什么有些人一旦沉醉于某些消极的想法之后，就一直难以自拔的道理。在人际交往中，我们应懂得并善于运用这一原理来对他人进行善意的说服。

詹姆斯·艾伯森是格林尼治储蓄银行的一名出纳，他就是采取了诱导对方不得不说"是"的办法挽回了一位差点失去的客户。

"有个年轻人走进来要开个户头，"艾伯森先生说道，"我递给他几份表格让他填写，但他断然拒绝填写有些方面的资料。"

"在我没有学习人际关系课程以前，我一定会告诉这个客户，假如他拒绝向银行提供一份完整的个人资料，我们是很难给他开户的。但今天早上，我突然想，最好不要谈及银行需要什么，而是客户需要什么，所以我决定一开始就先诱使他回答'是，是的'。于是，我先同意他的观点，告诉他，那些他所拒绝回答的资料，其实并不是非写不可。但是，假定你碰到意外，是不是愿意银行把钱转给你所指定的亲人？

"'是的，当然愿意。'他回答。

"那么，你是不是认为应该把这位亲人的名字告诉我们，以便我们届时可以依照你的意思处理，而不致出错或拖延？

"'是的。'他再度回答。

"客户的态度已经缓和下来，知道这些资料并非仅为银行而留，而是为了他个人的利益。所以，最后他不仅填写了所有资料，而且在我的建议下，开了一个信托账户，指定他母亲为法定受益人。当然，他也回答了所有与他母亲有关的资料。"

很多人先在内心制造出否定的情况，却又要求对方说"是"，表现出肯定的态度，这样做是不可能让对方点头的。假如你要使对方说"是"，最好的方法是制造出他可以说"是"的气氛，然后慢慢诱导他，让他相信你的话，他就会像是被催眠般的说出"是"。由于一开始就让他回答"是，是的"，这样反而使他忘了原本存在的问题，而高高兴兴地去做你建议的所有事情。换句话说，你不要制造出他可以表示否定态度的机会，一定要创造出他会说"是"的肯定气氛。

激发对方高尚动机，顺势制宜影响他

我们每个人都在内心里将自己理想化，都喜欢为自己行为的动机赋予一种良好的解释，这就是为何大家都希望听到夸奖，而不是贬低。也正因如此，我们可以通过诉诸一种高尚的动机赋予对方，顺势制宜，实现改变他人、影响他人的目的。

有一位妇女，抱着小孩上火车。由于人多，他们上车后位子上已经坐满了人。但是，这位妇女旁边，有一位年轻的小伙子正躺着睡觉，一个人占了两个人的位子。孩子哭闹着要座位，并用手指着要那个小伙子，想让其把座位让给自己。

谁料，小伙子却假装没听见，依旧躺在那里睡觉。

这时，小孩的妈妈用故作安慰的口吻对孩子说："这位叔叔太累了，等他睡一会儿，就会让给你的！"听了妈妈的话，小孩也不好再说什么了。

几分钟后，那个小伙子似乎刚刚睡醒的样子，然后站起来，客气地把座位让给了母子俩。小孩子单纯地索要，小伙子并没有让座，而妈妈一句安慰，却赢得了小伙子主动而客气地让座。这是为什么呢？要知道，这位妇女之所以能成功，妙就妙在她顺势制宜，对那位小伙子采取了尊重礼让的方法，给他设计了一个"高尚"的角色：他是一个善良的人，只是由于过度劳累而无法施善行。趋善心理使小伙子无法拒绝扮演这个善良的角色。

正如《三字经》里有句话："人之初，性本善。"从广义的角度而言，是说当一个人在进入新的一个领域时，他的为人处世都是抱着一种善良、美好的行为去工作、去学习、去交友，等等。后天的生活习惯和环境变化，才造成了人的各种行为的差异，导致背离"善"的现象。

某房屋公司有一位不满意的房客，在租约尚有四个月没到的情况下，恫吓要搬离他的公寓。按当时规定，那间公寓每个月的租金是55元，可是房客声称立即就要搬，不管租约那回事。要知道，当时是淡季，如果房客立即搬走，房子是不容易租出去的。对于公司来说，

220 元就不翼而飞了。

很多人都认为，此时应该找那个房客，要他把租约重念一遍，并向他指出，如果现在搬走，那四个月的租金，仍须全部付清。

可是，聪明的工作人员却采取了另外一种办法。他对房客说："先生，我听说你准备搬家，可是我不相信那是真的。我从多方面的经验来推断，我看出你是一位说话有信用的人，而且我可以跟自己打赌，你就是这样的一个人。"

房客静静地听着，没有作特殊的表示。他接着又说："现在，我的建议是这样的，将你所决定的事，先暂时搁在一边，你不妨再考虑一下。从今天起，到下个月一日应缴房租前，如果你还是决定要搬，我会答应你，接受你的要求。"

他把话顿了顿，继续说道："那时，我将承认自己的推断完全错误。不过，我还是相信，你是个讲话有信用的人，会遵守自己所立的协议。"

很多人想不到的是，到了下个月，那位房客主动来缴房租了。还告诉工作人员，他跟太太商量过，决定继续住下去，他们认为，最光荣的事，莫过于履行协议。

不难看出，想达到改变他人的目的，你不妨找一顶能表现出高尚的帽子，然后恭敬地戴到对方头上，很少有人会拒绝的。

一开始就先声夺人，让对方屈服

很多人都是欺软怕硬的，遇到弱小的一方总是喜欢以强欺弱，非得把对方逼到无路可退的境地。这是人的一种劣根性。如果你居于弱势地位,当对方不肯轻易顺从你的意见,甚至显示出一种居高临下的姿态时,可以一开始就以"恐吓"压制住对方,从而让对方屈从和改变主意,反客为主,占据你的主动地位。

《三国演义》中讲到,曹操率领大军南征,刘备败退,无力反击,大有坐以待毙之势。以刘备单独的力量,绝对无法与曹操的势力相抗衡,解决的办法只有一个,就是与江东的孙权联手。此时,诸葛亮自愿出使到江东做说客,他并不是像一般人那样低声下气地求孙权,却采用"反客为主"的方法,表现出一副强硬的态度,硬是激发了孙权的自尊心。

当时,东吴的孙权自恃拥有江东全土和十万精兵,又有长江天堑作为天然屏障,大有坐观江北各路诸侯恶斗的态势。他断定诸葛亮来此是做说客,采取了一种居高临下的姿态等待着诸葛亮的哀求。

不想诸葛亮见到孙权,开门见山地说道:"现在正值天下大乱之际,将军你举兵江东,我主刘备募兵汉南,同时和曹操争夺天下。但是,曹操几乎将天下完全平定了,现在正进军荆州,名震天下,各路英雄尽被其所网罗,因而造成我主刘备今日之败退,将军你是否也要权衡自己的力量,以处置目前的情势? 如果贵国的军势足以与曹军相抗衡,则应尽快与曹军断交才好。"

诸葛亮只字不提联吴抗曹的请求,他知道孙权绝不会轻易投降,屈居曹操之下。

孙权听完诸葛亮一席话,虽然不高兴,但不露声色,反问道:"照先生的说法,刘备为何不向曹操投降呢?"

诸葛亮针对孙权的质问,答道:"你知道齐王田横的故事吗? 他忠义可嘉,为了不服侍二主,在汉高祖招降时不愿称臣而自我了断,更何况我主刘皇叔乃堂堂汉室之后。钦慕刘皇叔之英迈资质，而投到他旗下的优秀人才不计其数，不论事成或不成，都只能说是天意，怎可向曹贼投降？"

虽然孙权决定和刘备联手，但面对曹操八十万大军的势力，心里还存在不少疑惑——诸葛亮看出这一点，进一步采用分析事实的方法说服孙权。

"曹操大军长途远征，这是兵家大忌。他为追赶我军，轻骑兵一整夜急行三百余里，已是'强弩之末'。且曹军多系北方人，不习水性，不惯水战。再则荆州新失，城中百姓为曹操所胁，绝不会心悦诚服。现在假如将军的精兵能和我们并肩作战，定能打败曹军。曹军北退，自然形成三分天下的局面，这是难得的机会。"

于是，孙权遂同意诸葛亮提出的孙刘联手抗曹的主张，这才有后来举世闻名的赤壁之战。诸葛亮真不愧为求人高手。

活着就是一种对抗，如果你不想被对方压倒，那你就得先声夺人，反客为主，时刻占据上风才能赢。

让他觉得你的意见是出于他而不是你

每个人相信自己的主意，胜于相信别人用"银托盘"奉献的主意。如果是这样，是否还应该把自己的观点强加于人呢？每个人对强迫他买什么东西或做什么事情都会感到不快。相反，首先提出建议，再让他人作出必要的结论会更好。

西奥多·罗斯福在纽约州当州长的时候，犹如一个出色的外交家。他和那些政治活动家们保持良好关系的同时，又成功地进行了不合他们心意的改革。他是这样获得成功的：每当任命一个人担任什么重要职务的时候，他总是邀一些政治活动家共同商讨。

"首先，"罗斯福说，"他们会推荐明显不适宜的候选人。我对他们讲，任命这个人政治上是不适宜的，因为社会舆论通不过。随后，他们又向我提出另一个人选，但对这个人既说不出他的长处，也找不到他的短处。通常我就说，舆论界不希望这种人占据这个位置。我请他们另举贤能。第三个候选人比较合适些，但仍不完全合适。最后我对他们表示感谢并请他们再考虑一下，于是他们就提出了我自己选中的那个人。对他们的帮助表示感谢的同时，我宣布了对这个人的任命。我对政治活动家们说，为了使他们满意我是尽力而为了。现在该轮到他们助我一臂之力了。他们也没有忘记我对他们的帮助。在需要的时候，他们支持了我提的候选人。"

请记住，罗斯福是倾心听取他人建议的。每当罗斯福任命谁担当重要职务时，他总是让政治活动家们感到这是他们自己推选出的候选人，体现了他们的意图。

威尔逊当总统时，爱德华·豪斯上校对美国的内外政策产生过很大影响。威尔逊向上校征询意见多于自己的内阁成员。这位上校运用什么手段使得他对总统有如此大的影响力呢？幸好我们对此有些了解，因为有些情况豪斯亲自对阿瑟·史密斯说过，而史密斯在一篇文章中又援引过他的话。

"和总统关系密切后，"豪斯说，"若想要他相信某个想法是正确的，最好不过的办法就是向他顺便说出这种想法，这样能使他对此感兴趣，使他觉得这个主意是他想出来的。这一次，这样做时我就发现这种办法出乎意料地有成效。我曾到白宫极力劝说总统承认他所赞成的政策是不正确的。几天后竟听到总统把我的观点当做他自己的观点说了出来，真使我感到惊讶。"

"这不是您的想法，而是我的想法。"豪斯是否会这样打断总统的讲话呢？当然不会。他很机智、灵活，他不需要夸奖，他要的是效果。他能使威尔逊总统把他的意见当做总统个人的意见，有时他竟能大声夸耀威尔逊的这个意见是正确的。

我们要牢记，每天同我们打交道的人都同样存在着威尔逊的这种弱点。因此，我们要像豪斯那样为人处世。所以，若想要人们根据您的观点办事，请记住："让别人给他出的主意不属于您，而出于他自己。"

声东击西，让对方开窍

说服别人有很多技巧，其中有一种很重要的方法就是声东击西。明说是"东"，其暗示的却是"西"，让对方从你的话中领悟出内在道理，从而改变所有的决定。

有一次，楚庄王十分喜爱的一匹马因长得太肥而死了。楚庄王竟命令全体大臣致哀，要用棺椁装殓，还要用大夫礼节隆重举行葬礼。文武百官纷纷劝他别这样做，楚庄王十分反感，下令说："谁敢为葬马的事来劝说我，格杀勿论！"众大臣都惊惧得不敢说话了。

优孟听到这事，号啕大哭进入王宫。楚王问他为什么哭，优孟回答说："我是为葬马的事哭呢！那匹死去的马，是大王最心爱的。像楚国这样一个堂堂大国，却只以大夫的葬礼来办丧事，实在太轻慢了。一定要用国王的葬礼才像样呢！依我看来，要拿白玉做棺材，用红木做外椁，调集一大批士兵为其挖坟，发动全城男女来挑土。出丧时，要齐国、赵国的使节在前面陪送，鸣锣开道，让韩国、魏国的使节在后面护卫，还要建造一座祠庙，放上牌位，追封它为万户侯。"

一席话说得楚庄王无言以对，只好罢了此事。

在有些场合，相同意思的话用不同的语言来表达，效果迥异。有时言在此而意在彼，令人回味无穷。

春秋时期，齐景公非常喜欢打猎，于是让人养了很多老鹰和猎犬。有一次，负责养老鹰的烛邹不小心让一只老鹰逃走了。齐景公大怒，要把烛邹杀掉。晏子听说后想劝说齐景公不该杀烛邹，但他没有直接劝，而是采用了声东击西的方法，暗示景公不该杀烛邹。晏子说："烛邹有三条大罪，不能轻饶了他。让我先数说他的罪状再杀吧！"景公点头称是。

晏子就当着齐景公的面，指着烛邹，一边扳着手指数说道："烛邹，你替大王养鸟，却让鸟逃了，这是第一条大罪；你使大王为了一只鸟而要杀人，这是第二条大罪；杀了你，让天下诸侯都知道我们大王重鸟轻士，这是你的第三大罪。三条大罪，不杀不行！大王，我说完了，请您杀死他吧！"齐景公听着听着，听出了话中有话。停了半晌，才慢吞吞地说："不杀了，我已听懂你的话了。"

其实晏子列举的三大罪状表面上是在指责烛邹，实际上是说给齐景公听的，说烛邹犯了三大罪，暗示如果因此而杀死烛邹会给齐国带来不好的影响，人人都能听明白，齐景公自然也不例外。

声东击西的关键是让对方"开窍"。所以，当你在求人遇到阻碍时，完全可以采用这种背道而驰、指东说西的博弈方法，既说出了自己的意思，又能让对方在反讽的语言环境下"开窍"，还不至于让他生气从而保护了自己。

第五章
用心交往，让他人乐意帮助自己

给予对方一个头衔，他更愿意鼎力相助

要想获得他人的鼎力支持，给予他人合适的头衔是非常有效的方式，这被无数事实反复证明是正确的。虽然头衔是虚的，不能增加人的经济收益，但却可以在极大程度上满足人的自我成就感。很多人都通过给予对方一个光辉闪耀的头衔来获得对方的鼎力协作。

斯坦梅茨是一位拥有异常敏锐的观察力和无法估计的才能的人。然而，在他就任通用电气公司的行政主管时，他所管理的事务却乱作一团，因此，他被撤销了行政主管一职，而担任顾问兼工程师。那么，怎样才能使这样一个事业上受挫的人不遗余力地投入到工作中，为公司效力呢？

这时，高层管理人员运用了一些奇妙的驭人策略。他们给予了斯坦梅茨一个耀眼的头衔——"科学的最高法院"。一时之间，几乎公司上下所有的人都知道：有一个叫斯坦梅茨的工程师非常了不起，他被称为"科学的最高法院"。而斯坦梅茨也极力维护这个头衔所带

给他的荣誉，他不遗余力地工作着，创造了很多奇迹，为通用电气的发展作出了极大的贡献。

头衔是一种公开化的赞誉，面对它，几乎没有人能够真正抗拒。头衔能够让许多人激动不已，能够激发他们的工作热情，当然，还能够赢得他们的忠诚。一个小小的头衔真的拥有这么巨大的魔力吗？

其实，这当中是有其心理学依据的。

一方面，从个体心理学的角度看，当一个人被赋予某种头衔的时候，他对自己的自我认知就发生了改变。潜意识中，他将自己和这种头衔统一起来，如果他不按头衔的要求去做的话他就会产生认知失调，也就是自我认知和言行冲突，从而产生心理不适。因此，为了避免认知失调的产生，他一定会以积极的言行来极力维系头衔带给他的荣誉。

另一方面，从社会心理学的角度看，当一个人被赋予某种头衔的时候，实际上是被赋予了某种社会角色。著名心理学家津多巴曾经做了一个这样的实验：

参加实验的志愿者都是男性。津巴多将他们分成两组，一组扮演监狱里的"看守"，另一组扮演"犯人"。

一天后，几乎所有的参与者都进入了角色。"看守"变得十分暴躁而粗鲁，甚至主动想出许多方法来体罚"犯人"。而"犯人"则"垮"了下来，有的消极地逆来顺受，有的开始积极反抗，有的甚至像个看守一样去欺辱其他犯人。

人有一种将自身的言行与自己所扮演的角色统一起来的本能，人很难抛开自己所拥有的头衔而做出格的事情。

如果想让别人作出改变，不妨给他一个与之相适应的头衔，让他觉得自己是这样的人，他便会表现得像这个人一样。任何人都不甘于辜负好的名声，如果你乐于给他一顶桂冠，他就会乐于做出优秀的表现。

激起心理共鸣，让他感觉像是在帮助自己

心理学中，有一个概念叫共鸣，指人在与自己一致的外在思想情感及其他客体刺激影响下而产生情状相同、内容一致、倾向同构的心理活动和精神现象。在人际交往过程中，"心理共鸣"是一种以心交心的有效方式，也是一门非常微妙的相处艺术。求人的时候，如果你能激起对方的心理共鸣，事情自然就好办多了。

不过，虽然人与人之间本来就有许多地方是相同的，但是要产生共鸣，还需要相当的说话技巧。当你对另一个人有所求的时候，最好先避开对方的忌讳，从对方感兴趣的话题谈起，不要太早暴露自己的意图，让对方一步步地赞同你的想法，当对方跟着你走完一段路程时，便会不自觉地认同你的观点。

伽利略年轻时就立下雄心壮志，要在科学研究方面有所成就，为此，他希望得到父亲的支持和帮助。

一天，他对父亲说："爸爸，我想问您一件事，是什么促成了您同母亲的婚事？"

"我看上她了。"父亲不假思索地答道。

伽利略又问："那您有没有娶过别的女人？"

"没有，孩子。家里的人要我娶一位富有的女士，可我只钟情于你的母亲，她从前可是一位风姿绰约的姑娘。"

伽利略说："您说得一点也没错，她现在依然风韵犹存。您不曾

娶过别的女人，因为您爱的是她。您知道，我现在也面临着同样的处境。除了科学以外，我不可能选择别的职业，我对它的爱有如对一位美貌女子的倾慕。"

父亲说："像倾慕女子那样？你怎么会这样说呢？"

伽利略说："一点也没错，亲爱的爸爸，我已经18岁了。别的学生，哪怕是最穷的学生，都已想到自己的婚事，可是我从没想过那方面的事，以后也不会。因为我只愿与科学为伴。"伽利略继续说，"亲爱的爸爸，您有才干，但没有力量，而我却能兼而有之。为什么您不能帮助我实现自己的愿望呢？我一定会成为一位杰出的学者，获得教授身份。我能够以此为生，而且比别人生活得更好。"

说到这，父亲为难地说："可我没有钱供你上学。"

接着伽利略又说："爸爸，您听我说，很多穷学生都可以领取奖学金，这钱是公爵宫廷给的。我为什么不能去领一份奖学金呢？您在佛罗伦萨有那么多朋友，您和他们的交情都不错，他们一定会尽力帮忙的。他们只需去问一问公爵的老师奥斯蒂罗·利希就行了，他了解我，知道我的能力……"

父亲被说动了："嗯，你说得有理，这是个好主意。"

伽利略抓住父亲的手，激动地说："我求求您，爸爸，求您想个法子，尽力而为。我向您表示感激之情的唯一方式，就是……就是保证成为一个伟大的科学家……"

伽利略最终说动了父亲，他实现了自己的理想，成为一位闻名遐迩的科学家。

伽利略争取父亲的认可和帮助，采用的就是"心理共鸣"的方法。这种方法一般可分为以下四个阶段：

1. 导入阶段

先顾左右而言他，以对方当时的心情来体会现在的心情。例如，伽利略先请父亲回忆和母亲恋爱时的情形，引起了父亲的兴趣。

2. 转接阶段

伽利略巧妙地通过这句话把话题转到自己身上："我现在也面临着同样的处境。"

3. 正题阶段

提出自己的建议和想法。伽利略提出"我只愿与科学为伴"，这也正是他要说服父亲的主题。

4. 结束阶段

明确提出要求。为了使对方容易接受，还可以指出对方这样做的好处。伽利略正是这样做的，他说："……为什么您不能帮助我实现自己的愿望呢？我一定会成为一位杰出的学者，获得教授身份。我能够以此为生，而且比别人生活得更好。"

正是巧妙运用了"心理共鸣"的方法，伽利略终于达到了自己的目的，为最终实现自己的理想奠定了基础。在日常生活中，我们也不妨试着用这种方法求助别人，往往会带来让你满意的结果。

弱势时打张感情牌，激发同情心

正所谓"以情动人"，"情"最能开启人的心扉，真正唤起别人的共鸣和认同。现实世界里，聪明的人往往善于打"情感"牌，尤其在弱势的时候，这样更容易被他人认可、得到帮助。

在美国经济大萧条时期，有一位 17 岁的姑娘好不容易才找到一份在高级珠宝店当售货员的工作。在圣诞节的前一天，店里来了一位 30 岁左右的贫民顾客，他衣衫褴褛，一脸的悲哀、愤怒，他用一种不可企及的目光盯着那些高级首饰。

这位姑娘要去接电话，一不小心，把一个碟子碰翻，六枚精美绝伦的金戒指落到地上，她慌忙捡起其中的五枚，但第六枚怎么也找不着。这时，她看到那个 30 岁左右的男子正向门口走去，顿时，她知道了戒指在哪儿。

当男子的手将要触及门柄时，姑娘柔声叫道："对不起，先生！"

那男子转过身来，两人相视无言，足足有一分钟。

"什么事？"他问，脸上的肌肉在抽搐。

姑娘一时竟不知说些什么。

"什么事？"他再次问道。

"先生，这是我第一份工作，现在找个事做很难，是不是？"姑娘神色黯然地说。

男子长久地审视着她，终于，一丝柔和的微笑浮现在他脸上。

"是的，的确如此。"他回答，"但是我能肯定，你在这里会干得不错。"

停了一下，他向前一步，把手伸给她："我可以为您祝福吗？"

他转过身，慢慢走向门口。姑娘目送着他的身影消失在门外，转身走向柜台，把手中握着的第六枚金戒指放回了原处。

这位姑娘成功地要回了青年男子拾到的第六枚金戒指的关键是，在尊重谅解对方的前提下，以"同是天涯沦落人"凄苦的言语博得对方的真切同情。对方虽是流浪汉，但此时握有打破她饭碗的金戒指，极有可能使她也沦为"流浪汉"。因此，"这是我的第一份工作，现在找个事做很难"，这句真诚朴实的表白，却饱含着惧怕失去工作的痛苦之情，也饱含着恳请对方怜悯的求助之意，最终感动了对方。对方也巧妙地交还了戒指。试想，如果这位姑娘怒骂，甚至叫来警察，也可能找回戒指，但姑娘的"饭碗"还保得住吗？

曹丕和曹植都是曹操的儿子，均能辞赋。在文学史上，父子三人合称"三曹"。曹操被汉献帝封为魏王后，在诸子中选立自己的继承人。长子曹丕虽被确定为继承人，但觉得自己的地位很不稳固，认为弟弟曹植是自己强有力的竞争者，曹植也未放弃希望。于是，两人都想方设法争宠于曹操。

有一次，曹操要率大军出征，曹丕与曹植都前去送行。临别时，曹植作了一篇洋洋洒洒的散文，极力称颂父王功德，并当众朗诵得声情并茂，使得曹操和他的左右文武大臣万分高兴。曹植也因此受到众人的夸奖。曹丕怅然若失。这时，他的谋士吴质悄悄建议他做出流涕伤怀的样子。等到曹操出发时，曹丕什么话也不说，只是泪流满面，趴在地上，悲伤不已，表示为父王将要出生入死而担忧。他一边哭着一边跪拜，祝愿父王与将士平安。曹操及左右将士都大为叹息。

这样一来，形势大转。曹操和左右大臣都认为曹植虽能说会道，但华而不实，论心地诚实仁厚远不如曹丕。一番考察和鉴别之后，曹操最终把曹丕定为自己的继承人。

曹丕心里知道，曹植才华横溢，而自己处于弱势，如果和他硬拼，无异于鸡蛋碰石头。于是，曹丕打出了感情牌，以父子之情感动曹操，最终达到了目的。

由此可见，弱势地位并非没有好处，如果能够巧妙地运用自己的弱势，从情感上打动对方，也能够顺利获得帮助。

互惠，让他知道这样做对他也有利

一位心理学教授做过一个小小的实验：他在一群素不相识的人中随机抽样，给挑选出来的人寄去了圣诞卡片。虽然他也估计会有一些回音，但却没有想到大部分收到卡片的人，都给他回了一张。而其实他们都不认识他啊！给他回赠卡片的人，根本就没有想到过打听一下这个陌生的教授到底是谁。他们收到卡片，自动就回赠了一张。也许他们想，可能自己忘了这个教授是谁了，或者这个教授有什么原因才给自己寄卡片。不管怎样，自己不能欠人家的情，给人家回寄一张，总是没有错的。

这个实验虽小，却证明了互惠定律的作用。互惠是人类社会永恒的法则，它是各种交易和交往得以存在的基础。如果我们想要获得别人的帮助，就要制造互惠的效果，让对方知道这样做不仅是帮助你，也对他自己有利，这样别人才会心甘情愿地给你帮忙。

在长篇历史小说《曾国藩》中，有这么一节：

曾国藩初握兵权时，对待下属比较"吝啬"：在向朝廷保荐有功人员时，"据实上报"，一是一，二是二，有多大功劳就报多大功劳，不肯多报一点，更别说虚报那些无功人员了。这样一来，那些为他出生入死的下属就不乐意了，在以后的战役中，明显没有以前勇猛。曾国藩不明就里，直到有一天，其弟曾国荃对他说："大哥，弟兄们现在不卖力全是因为你的'据实上报'啊，你是朝廷大员，你可以修身齐家治国平天下，你可以百世流芳，这是你的追求。可弟兄们没有你那么高的追求，他们要的就是眼前的利益。弟兄们流血卖命打仗，图的是金银财宝和有个官职，你不给人家好处，谁给你卖命啊？"

一番话点醒梦中人，尽管曾国藩是个理想主义者，但在现实面前也只能妥协。

就像那些普通的"湖湘子弟"，他们不可能都在历史上留下自己的名字，也许他们也有对理想的追求，但眼前的实际利益无疑更能打动他们。

在现实生活中，人们往往离不开对利益的要求。从政也好，经商也好，若无利可图，谁也不会和你合作，为你所用。看透这一点，在博弈中才能进退自如。

所以，要打动对方，首先要考虑能够给对方什么，然后考虑自己能否给对方这些东西。简而言之，打动对方的方法是：首先考虑在自己能够接受的范围内能给对方什么好处。不给对方好处，对方就不予合作，你也无法获利。给的好处小了对方劲头不高，合作程度也就不大，你获利也就少。你只有给对方最大程度的好处，对方才能全力以赴，你也才能取得最大的利益。

软磨硬泡，日久见效

求人办事时，有时候对方虽然能办，但是他却找各种各样的理由搪塞，弄得你无可奈何。这种情况下，有些性格顽强的人，他们软磨硬泡、友好地赖着对方，一副不达目的绝不罢休的样子。到最后，对方不得不答应他的请求。

宋朝的赵普曾做过太祖、太宗两朝皇帝的宰相，他是个性格坚韧的人。

在辅佐朝政时自己认定的事情，就是与皇帝意见相悖，也敢于反复地坚持。

有一次，赵普向太祖推荐一位官吏，太祖没有允诺。赵普没有灰心，第二天临朝又向太祖提出这项人事任命请太祖裁定，太祖还是没有答应。

赵普仍不死心，第三天又提出来。

连续三天接连三次反复地提，同僚也都吃惊，赵普何以脸皮这样厚。太祖这次动了气，将奏折当场撕碎扔在了地上。

但赵普自有他的做法，他默默无言地将那些撕碎的纸片一一拾起，回家后再仔细粘好。第四天上朝，话也不说，将粘好的奏折举过头顶立在太祖面前不动。太祖为其所感动，长叹一声，只好准奏。

大宰相赵普尚且能够放下脸面、软磨硬泡，聪明人也要懂得在求人办事时暂时收起自己的自尊心，多一分韧性和毅力，用诚心感化对方。

"软磨硬泡"以"攻心为上"为基调，和一般的处人方略大有不同。它能以消极的形式争取积极的效果，通过表现自己不达目的不罢休的决心和干劲给对方施加压力，同时增加接触机会，更充分地表明自己的态度、意识和情感，以影响对方，最终达到"攻心"的目的。

国外也流行一种说法叫"人盯人"。同样的内容，一次不行来两次，不断地反复向对方说明，从而达到"攻心"的效果。运用这种方法，必须有坚忍不拔的耐心，内坚外韧，对一度的失败，绝不灰心，1000次的失败那我就1001次站起来。

这样软磨硬泡，还怕没有成就吗？软磨硬泡主要在于"攻心"，虽然它本身已经是"心计"的体现，如果再讲些策略，更会锦上添花。

1. 用行动去磨

"软磨硬泡"，不仅要能"泡"，还要会"泡"。换言之，"泡"，不是没有效果地耗时间，也不是强对人家耍无赖，而是要善于采取积极的行动影响对方、感化对方，促进事态向有利自己的方向转化。

俗话说："人心都是肉长的。"不管双方距离有多大，只要你善于用行动表明你的诚意，就会促使对方重新作选择，进而理解你的苦心，从固执的圈子里跳出来，那时你就将"泡"出希望了。

2. 借舌头去泡

有时候你去求人，对方推着不办，并不是不想办，而是有实际困难，或心有所疑。这时，你若仅仅靠实际的作为去"泡"，很难显成就，甚至会把对方"泡"火了，缠烦了，更不利于办事。

如遇这种情形，嘴巴最好抹点蜜。要善解人意，抓住问题的症结，巧用语言攻心。好话是开心的钥匙。当你把话说到点子上时，就会敲开对方心灵的大门。

3. 多一分理智

足够的耐心是办好事情的前提和基础。当事情受阻或出现僵局时，人们的直接反应通常是急躁、失意、恼火甚至发怒。然而，这怎么能促成事情的发展。你应多一些理性的分析，采取忍耐的态度。磨，意味着真诚，能引起人们的重视，能感动人；磨，显示积极主动地向对方解释，与对方沟通，不间断地软化对方的过程。因此必须是身心兼备，必须有百折不挠的精神。

磨，并不代表耍无赖，而是一种静静的礼貌的企盼，等待对方尽快给予答复。不会让对方感觉你是故意找麻烦，故意影响他的工作和休息。要尽量善解人意，尽量减少对对方的干扰，这样，才能磨成功。为了办好事情，有必要增强抗挫折的能力，碰钉子后脸不红、心不跳，不气不恼，照样微笑与人周旋，只要还有一丝希望就要全力争取，不达目的绝不罢休。有这样顽强的意志就能把事情办成。

往脸上贴黄金，增加办事筹码

巧用手段为自己贴金，从气势上并不输给对手，然后你再故意说一些抬高自己身价的话语，对方肯定会想到你或许真的实力不凡。

要知道，生意场上谁也无法完全摸清伙伴和对手的底细。在这种大环境下，如果你势力较弱而又想把自己的事业做大，那么你就应该多往脸上贴些"黄金"，抬高身价，至少给对方一个你实力强大的假象，这样你才能成功地借助对方的力量。

有一年，国际木材市场需求增加，价格上扬，某大型林场看准这一时机，将林场的木材推入国际市场，市场反映良好。然而好景不长，几个月后，由于市场竞争激烈，木材的价格大幅下跌，如果继续坚持出口，林场将每年亏损上千万元。面对危机，场长认为，在国际交易中他们是后起者，在强手如林的情况下，挤进去非常不容易，应想办法站住脚才行。如果一遇风险和危机就退出来，那么，想再占领市场就会更困难。于是他决心带领大家从夹缝中冲出去。为此，他亲自参加一些大型宴会，借此搜集信息，寻找合伙对象，开辟新市场。

在一次宴会上，场长遇到国外一家著名的家具生产集团的总经理。场长开门见山，表明希望那家公司能够把他们的林场作为原料采购基地。外方公司的总经理说："现在我们的原料供应系统很稳定，你有什么优势让我们把别的公司辞掉，而选用你们的木材？"场长不卑不亢地列举了该林场三大优势：第一，我们林场的木材质量有保证，有很高的信誉；第二，我们可以长期合作，保证长期供货，长期供应价格上我们可以给予一定的优惠；第三，我们林场有自备码头，能保证货运及时，并有良好的售后服务，更重要的一点是保证信守合同。场长在大谈林场的三大优势后，还不紧不慢地对外方总经理说，林场刚刚与国际上另一家知名公司签订了供货合同。那位经理听说连那样的大公司都与中方的这家林场签订了合同，看来林场实力不弱啊！他立即同意就供货问题正式洽谈。签订合同之前对木材进行现场检测。经检测，木材质地良好，是家具原材料的上上之选，经过一番讨论，双方正式签订了合同，也该林场在国际市场上站稳了脚。

故事中，那位场长没有刻意地恭维对方，而是底气十足地向对方提出要求，紧接着在不经意中道出自己与另一家公司签订了合同，无形中抬高了林场木材的身价，让对方对他刮目相看，如此一来，事情自然好办多了。

可见，求人办事，手段一定要灵活，特别是在商业场合求陌生人时，如果自身力量较弱，处于劣势，那么你不妨巧用一些手段，往自己脸上贴金，增加自身分量，为自己办事创造一些更好的条件。

当然，脸上的"黄金"是有一定限度的，否则无限度地拔高自己只能是玩火自焚。

第二篇

藏在身体里的秘密

第一章
观察身体反应，可了解心理活动

每一个想法都会引发一连串的生理反应

　　咬嘴唇、摸鼻子、揉眼睛、摩擦前额、摸脖子、倾斜身体、抱手臂……这些动作都是我们一直在做的。你可以花一点时间观察一下周围的人，你会发现他们也经常做这些动作。可曾想过他们为什么做这些动作？又可曾想过你为什么会做这些动作？这些问题的答案就藏在我们的大脑里。

　　当你思考时，大脑会发生电气化学反应。为了让你产生一个想法，很多脑细胞必须根据相应的模式互相传递信息。如果你的大脑中存在既有模式，那么脑细胞就会按照这个模式产生与过往相似的想法。如果你的大脑中没有既有模式，你的大脑就会创建一个崭新的模式或者神经细胞网络，让你产生一个崭新的想法。大脑中的模式不仅会让你产生想法，同样会影响你的肉体，改变你体内荷尔蒙（如内啡肽）的分泌，引起自主神经系统的变化，例如呼吸急促、瞳孔大小的变化、血压升高、出汗、脸红等。

　　大脑中的每一个想法都以这样或那样的方式影响你的身体，有时候这种影响非常显著。例如，当你感到恐惧时，你的嘴唇会发干，涌到大腿的血液会增加，以便帮助你随时逃跑。有时候，身体所起的变化很细微，难以被察觉到，但是它们的确存在。例如：当你撒谎时，你可以尽量让自己保持"脸不红，心不跳"的状态，但是你还是会不敢直视对方的眼睛，这样看似不经意的回避，也是你无法避免的，它是由大脑中的想法控制的。

那大脑中的想法是如何引发一连串的生理反应的呢？这与我们大脑的边缘系统大有关系。很多人都知道自己拥有一个大脑，也知道这个大脑是他们认知能力的基地。事实上，人的头颅中有三个"大脑"，每个大脑都有着不同的职责。它们合并起来就形成了"命令加控制中枢"，后者驾驭着我们身体的一切。1952年，一个名叫保罗·麦克林的科学先驱提出，人类大脑是由"爬虫类脑"(脑干)、"哺乳动物类脑"(边缘系统)和"人类大脑"(新皮质)组成的三位一体。

大脑边缘系统对我们周围世界的反应是条件式的，是不加考虑的。它对来自环境中的信息所作出的反应也是最真实的。边缘系统是唯一一个负责我们生存的大脑部位，它从不休息，一直处于"运行"状态。另外，边缘系统也是我们的情感中心。各种信号从这里出发，前往大脑的其他部位，而这些部位各自管理着我们的行为，有的与情感有关，有的则与我们的生死有关。

这些边缘的生存反应是我们神经系统中的硬件，很难伪装或剔除——就像我们听到很大的噪声时试图压抑那种吃惊的反应一样。所以，边缘行为是诚实可信的行为，这已经成为了公理，这些行为是人类的思想、感觉和意图的真实反映。

1999 年 12 月，美国海关截获了一名被称作"千年轰炸者"的恐怖主义分子。入境检查时，海关人员发现这名叫阿默德的人神色紧张且汗流不止，于是勒令他下车接受进一步询问。那一刻，阿默德试图逃跑，但是很快就被抓住了。海关人员从他的车里搜出了炸药和定时装置，阿默德最终供认了他要炸毁洛杉矶机场的阴谋。

神色紧张和流汗正是大脑对巨大压力固有的反应方式，由于这种边缘行为是最真实的，海关人员才能毫无顾虑地逮捕阿默德。这件事情说明，一个人的心理状态会反映在身体语言上。

一般来说，当边缘系统感到舒适时，这种精神或心理上的幸福就会反映在非语言行为上，具体表现为满足和高度自信。然而，当边缘系统感到不适时，相应的身体语言就会表现出压力或极度不自信。这些身体语言将帮助你了解社交对象和工作对象的所思所想。

所以，人不可能在思考的同时不发生任何生理反应，人的大脑边缘系统会将我们的想法以身体语言的形式"泄露"给其他人。这意味着，只要观察一个人发生了哪些生理反应，就能知道那个人的感觉、情感和想法是什么。

任何发生在人们身上的事情都会影响精神活动

我们在一生中有过很多经历，这些经历会留在我们的脑海中，这往往和强烈的情感状态有关，比如快乐、憎恨、爱、欢喜、背叛、愤怒、紧张等。当我们回想起以往的这些经历时，不仅事件本身历历在目，当时的感受也记忆犹新，就像它们刚刚发生过一样。有时候，我们即使记不清当时事件的具体内容，也能回忆起当时的情感。

例如，你远远地看见某一个人，就本能地感到不喜欢他，直到偶然间你才想起这可能是因为他曾经冤枉你偷摘了花园的花，或者是因为他穿着和那个冤枉你的人一样的上衣。

像这样因为偶然看到某件上衣而引发回忆中的情感反应，被称为心锚。我们之所以在无意识中把某种事物或经历与某种情感联系在一起，就是因为这些事物或经历的出现引发了特定的情感记忆。发生在我们身上的事情对我们的情感留下很多的印记，于是我们随时随地都会碰到心锚，比如远在异乡时吃到家乡菜，会勾起我们对家乡的回忆和思念；听到熟悉的歌，会使我们回到当初被它打动时的心境；当翻看毕业照时，我们会想起那一张张青春阳光的笑脸；当我们进医院时，会想起曾经某位亲友在这里诊治伤病的痛苦，而觉得悲从中来……

心锚不仅会让我们想起特定的记忆，也会与强烈的情感联系起来。在这里，我们感兴趣的心锚不是那种引发回忆的心锚，而是可以触发人们不同情感状态的心锚。你如果知道别人无意识中隐藏着什么样的心锚，你只需要去引发它们，就能影响对方的情感。当然，你不能怀有恶意地去触动别人的心锚，故意揭别人的伤疤，或者有意地让别人难堪。

我们不妨在别人身上创出新的心锚，让他一想起你就有快乐舒服的情感。你可以在与对方聊天的时候，保持快乐阳光的状态，说一些让大家快乐高兴的话题，再附上一则笑话，让对方在交谈中感到快乐和轻松。那么，以后每当他看到你的时候，都会有一种高兴的心理，因此对你有比较好的印象，以后打交道也就容易多了。

总之，发生在人们身上的事情都会影响他的精神活动，你要想了解或者掌控对方的心理或是情感，可以从那些发生以及即将发生在他身上的事情着手。

身体语言在沟通中的重要性

美国心理学家艾伯特·梅拉比安曾提出"7%~38%~55%定律"：当人们进行面对面沟通的时候，会使用到三个主要的沟通元素——用词、声调，还有肢体语言。所谓的"7%~38%~55%定律"，指的就是这三项元素在沟通中所担任的影响比重。用词占7%，声调占38%，肢体语言占得最重，是55%。从这个定律中，我们至少可以明白这样一个道理，在面对面的沟通中，说话内容是最不重要的，身体语言在信息交流中的重要性也可见一斑。

美国行为学家斯泰恩将非言语沟通中的显性行为称为身体语言，亦称体语。主要包括眼神、手势、语调、触摸、肢体动作和面部表情这类显性行为。肢体语言虽然无声，但具有鲜明而准确的含义，它与我们每一个人的生活息息相关。

譬如，星期天，忙碌了一上午的妻子吃完午饭后刚睡着，丈夫轻轻打开窗户准备让正在楼下玩耍的女儿回家做作业。为了不吵醒妻子，丈夫没有大声呼喊女儿，而是朝她招了招手，女儿看见爸爸的手势后，顿时明白了爸爸的意思，便迅速朝家走来。这时，丈夫抬手一看表，不到一点半，心想还可以让女儿再玩一会儿，于是，丈夫又向正朝家走来的女儿挥挥手。女儿看见爸爸的这个手势后，稍微一想，便又调转头，兴高采烈地和伙伴们玩去了。整个过程丈夫没有说一个字，仅凭手的两个简单动作，便和女儿完成了两次沟通。

　　同理，大街上的交通警察指挥来来往往的汽车和行人，靠的也是这种无言的体语。而一些目的性很强的动作，则完全可以看做是一种行为的信号。譬如，书店里，某一个人踮着脚去拿书架上的一本书，我们知道，他想看看这本书。尽管他已把脚踮得很高，但还是够不着。这时，他旁边身材较高的营业员注意到了他的这个动作，于是，从书架上拿了那本书递给了这位顾客。营业员是怎么知晓这位顾客心理的呢？因为顾客踮脚的动作表现了一种难以被人忽视的窘境："我需要帮助！"

　　不同于有声语言的蕴涵性和委婉性，我们身体所表达的话语是鲜明而准确的，尽管这一点我们经常意识不到。有时候肢体语言一旦和有声语言相结合，能准确传达话语者内心思想和情感的不是有声语言而是体语。如，一位年轻女孩告诉她的心理医生，她很爱她的男朋友，与此同时却又下意识地摇着头，从而否定了她的话语表达。可见，要想真正了解交谈对象的话语意思，在认真倾听其述说的同时，还必须认真解读对方的体语。她的一颦一笑、举手投足，都在传达着她的真实想法。

　　"在没有得到任何证据的情况下是不能进行推理的，那样，只能是误入歧途。"这是文学经典形象福尔摩斯侦探的名言。福尔摩斯是作家柯南·道尔笔下的神探，他的神奇之处就在于他可以凭借指甲、外套的袖子、脚上的靴子、膝盖处的褶皱、食指和拇指上的老茧，以及面部表情和种种行为判断人的内心活动。

　　"假如在得到所有这些信息的情况下，竟然还是无法对这些信息的主人作出准确的判断，我认为，这一定是天方夜谭。"福尔摩斯如是说。

　　为什么他有如此大的信心呢？因为他内心十分清楚人的身体语言密码所拥有的巨大力量。犯罪嫌疑人可以用制造出种种口头的谎言，但是却没有办法控制住自己的身体语言。不经意中他们就会把内心的秘密泄露在一个眼神，或者一个看似没有深意的手势里。与一般人相比，福尔摩斯的优势就在于他懂得从人的身体语言来分辨他是否在说谎，同时从这些不说谎的信号里知道对方的真实想法。

　　告别了福尔摩斯，我们再来看看卓别林。卓别林是无声电影时代最伟大的电影名星。他塑造了一个又一个的大银幕经典形象。只要提起他的名字，我们就会回忆起那个穿着破烂的燕尾服，迈着八字步的形象。

　　与今天音画俱全，推崇技术的电影相比，卓别林的电影受时代和技术的限制，没有声音也没有色彩。但是，这些并没有影响到卓别林对故事的讲述，我们还是能看到一个个结构精巧、感人至深的故事。那么，你不会感到惊奇吗？他是凭借什么在无声的世界里把这些故事完整地叙述出来的呢？

　　这些问题的答案，既简洁又内涵丰富，那就是身体语言。卓别林就是使用丰富的肢体语言把人物的感情、想法、经历一一呈现在观众眼前。观众没有感觉有缺憾，也并不会觉得唐突，而是被他的一举一动所感动。演员的肢体表现也就是无声电影的灵魂。

　　从福尔摩斯到卓别林，我们一再提及一个词——身体语言。而我们总是过分重视口头内容表达，而忽略了身体语言的能量之大。福尔摩斯与卓别林给了我们新的启示，在与人面对面交流沟通时，即使不说话，我们可以凭借对方的身体语言来探索他内心的秘密，对方也同样可以通过身体语言了解到我们的真实想法。所以，开始注意去探究身体语言的密码！那些曾经被你忽视的非语言信息才是读懂对方心思的最可靠的资源。

人们的态度是由讲话的声音表现出来

谈话实际上都会有两种对话产生：一种是使用文字，一种是使用声调。有时候这两者很有契合，但通常并非如此。当你问对方："你觉得怎么样？"得到的回答是："挺好的。"你通常不会凭借这句"挺好的"来判断他的感受，而会凭他的音调来判断他是否真的觉得很好，还是觉得一般或者不好。怎么样说话比说什么样的话更重要，因为我们的态度不是经由文字，而是经由讲话的声音表现出来。

有时候人们迫切需要自我表达，却不想直接说出来，例如，"你伤害了我的感情"，"我好难过，我希望尔能帮我减少痛苦"，"我的工作让我感到沮丧，我需要你来听我诉苦"……这些话你很少会听到，但是你会从人们的音调中听出这样的讯息。对方会叹息、缓慢地说话、简短地回答问题，并以肢体语言——像是双眼垂视、死气沉沉的姿势，配合低沉无力的声调来表达。于是，你从中就能知道对方真正的情绪和态度。声调的作用很大，尤其是在电话、广播等看不到对方的交流形式中，通过电波，主持人的声音传到你的耳中，你从中可以得知主持人对所说内容的态度，他是赞成还是怀疑，他是喜欢还是厌恶，他是热情还是冷淡，你都能得知。所以，即使看不到模样，电台主播们还是以他们的声音征服了很多听众。

声音的重要性远远超过了言词，而在交流中我们往往要回答对方的问题，于是我们通常把注意力放在言词，而非声音上。这是片面的，只有仔细聆听对方说话的声音，才能丰富言词的含意。

一个放大说话音量的人，通常有控制环境的目的。说话大声是独断、强制且具威胁性的行为，所以想支配或控制他人的人，讲话通常很大声。大部分人认为说话大声、低沉是自信的表现，但有些人大吼大叫，是因为害怕如果轻声细语，没有人会听得见。

说话小声的人一开始可能会被认为缺乏信心或优柔寡断，但是小心别上当。轻柔的声音可能反映出平静的自信，说话者认为没有必要支配谈话。要是对方说话总是轻声细语，请注意抑扬顿挫之处是否适当。当在场的人听不清楚的时候，他是否努力放大音量？如果不是，也许他不够细心，不能体贴别人，或者骄傲自大。如果持续轻声细语伴随着不舒服的肢体语言，像是缺乏眼神接触，转过身去或扭过脸，这些就是不舒服的象征以及自信心的缺乏。

说话一向很快的人，对于事情的评估和判断通常也很快，因此他们常常不假思索就作出判断。有些人说话快则是为了掩饰内心的不安全感，这种人会有自卑的反应，像是紧张兮兮，或是刻意引起别人的注意。也有一些人在以一般速度闲聊一阵子之后，发现谎言很难再编下去，于是说话就愈来愈快，企图对谎言加以解释。

说话一直都很慢的人也许是身体或心理有障碍，如果对方是因为心理有障碍而说话慢，会伴随着无法表达意见的反应。而要是因为身体障碍而说话慢，你只要和对方谈上几分钟，就能看出来。教师、演讲者以及经常要对大众说话的人，有时会故意放慢说话速度，让每个听众都听到他们的话，了解他们的意思。

说话结巴，如果不是由于先天身体障碍造成的话，通常是缺乏安全感、紧张或困惑所造成。但也有可能是说话者想准确表达自己的意思，而绞尽脑汁搜寻正确的字眼，或者对方有意暂停，好让你有机会插话。

人的声音高低是天生的，但是人们通常会为了一些固定的理由提高或降低音高。当特别害怕、高兴、痛苦、兴奋时，大多数的人声音会提高；有些人为了引诱别人，会明显地降低声音；当一个人伤心、沮丧或者疲倦时，音调也会降低。

有些人用谄上傲下的音调或其他假装的语调来呈现成功、老练、聪明、富有的形象。然而这些特性也许并非他们主要的人格特质，相反的，这只是没有安全感，企图寻求赞美与认可的表现而已。

在许多语言里，单凭音节或是对字句的强调，说话内容就会有全然不同的意思。我们问别人，愿不愿意和我们到哪儿去，如果得到的是语气坚定的回答："好啊，没问题。"我们就知道对方接受了邀约，而如果对方以犹豫的语气说出同样的话，我们知道他接下来会说："但是……"如果你仔细聆听对方的语调，就能察觉语意是否完整。如果对方欲言又止，即使你无法猜出真正的意思，至少能感受到暧昧模糊之处，并提出适当的问题加以理清。

声音只能透露一部分的情感，如果配合对肢体语言和说话内容的观察，通常就能掌握对方真实的情绪。对方的声音、说话内容和肢体语言如果协调一致，也就是在持续模式下，你就能轻易分析他的感觉，并预测他会对不同情况作出何种反应。要是声音与说话内容或身体语言相冲突，你就得依据一般模式推论可能的原因，以免妄下断语。例如，声音的强调通常伴随着肢体语言的强调。说话者强调某个字句时，可能会出现身体向前靠、点头或比手势的动作。因此，如果你能在倾听时，顺道观察肢体语言，这样一来，即使是细微的变化也难逃你的法眼，对方的任何一点小心思也能被你掌握。

第二章
情感的实质是体内触发的生理反应

情感的产生来源于人类逃离威胁的生存本能

　　情感是人类性格的重要组成部分，我们所做的事情中有很大一部分是受到情感的驱使，也就是说，情感会控制我们的行为和决定。甚至有些时候我们并不能意识到自己正处在什么样的情感状态之中。

　　如果我们想要深入地掌控识人心理学，那么了解什么是情感是十分必要的。情感究竟是什么，情感又是怎样产生的呢？很多的关于情感的理论都直指一个事实：所有人都具有同样的基本情感，并因为同样的事物受到触动。

　　当我们感受到自己受到了威胁，不论是个人安全方面的威胁还是一般福利方面的威胁，都会触发情感的产生，所以有一个这样的理论：情感的起源是像生存机制一样的生物机制，当危险发生时，他是超越理性的最佳应急机制。比如，当一辆汽车在你身边飞驰而过的时候，假如你还要分析汽车正在以多少时速驶向你，那么恐怕你早就丧命车轮了。实际上，我们总是在无意识中就接受和探测了周围的这种信号，当信息被传递到自主神经系统之后，就会激活相应的过程，同一时间内，信息业会被传达给意识，来告诉我们的大脑将要发生什么。

当某个信号飞速的冲向我们，就会形成触发恐惧情感的一种刺激，这种恐惧反应在身体上就会出现脉搏跳动加快、血液更多地涌向腿部肌肉种种现象，以便及时帮助我们逃跑，如此一来，身体比头脑先感觉到了危险，所以你的身体会下意识地快速逃离危险。当你成功的脱离危险过后，你的身体恢复到正常状态所需的时间，比你的头脑意识到危险已过去的时间更长，这也就能说明，为什么危险已去，你仍然会心有余悸。

也就是说，情感最初是作为一种自动化系统来帮助我们逃离威胁的。情感会让我们大脑的不同区域产生及时的变化，影响我们的自主神经系统，从而产生呼吸、出汗、心跳等身体功能的变化，而其情感还会改变我们的声音、面部表情和肢体语言。

很多人认为情绪和感情是一回事，其实并非如此。感情是激烈的、短暂的，而情绪可以是持久的，情绪常常作为感情产生的"背景"。

当然，并不是每次都是为了生存的原因才能感受到情感，随着人类的进化发展，我们的感情变得更加复杂，更加多元，在下面的内容中我们就来看一看触发情感的常见方式。

颜色的巧妙运用能改变人的情感

古时候，有人开了一家旅馆，但是由于经营不当，面临倒闭。正好此时碰上一名智者经过这里，就向旅馆老板献策：将旅馆进行重新装饰。到了夏季，将旅馆墙面涂成绿色；到了冬日，再将墙面刷成粉红色。旅馆老板按智者所说的做了之后，果然很是吸引顾客，生意渐渐兴隆起来。

为什么粉刷墙壁就能改善旅馆的经营状况，使之扭亏为盈？其中的奥秘在哪儿呢？原来智者巧妙利用了人们的联觉心理。联觉是一种感觉引起另一种感觉的现象，这种心理现象实际上是感觉相互作用的结果。上述事例就是通过改变颜色，使不同颜色产生不同的情感效果，从而起到吸引顾客的作用。

不同的颜色会给我们不同的情感，这是每个人都能体会到的。比如我们会根据不同的心情和个性选择不同颜色的衣服，颜色对人的心理影响是很大的。还比如不同色调的画作和摄影作品，会使我们感受到不同的情感。还有，房间里墙壁刷上不同的颜色，也让我们感觉不同。

上面的这些说明，颜色会影响人们的情感。有的时候，这种影响是至关重要的。

国外某地有一座黑色的桥梁，每年都有很多人在那里自杀。后来有人提议把桥涂成天蓝色，结果在那儿自杀的人明显减少了。后来人们又把桥涂成了粉红色，结果，再也没人在这里自杀了。

从心理学的角度分析，黑色显得阴沉，会加重人痛苦和绝望的情感，容易把本来心情绝望、濒临死亡的人，向死亡更推进一步。而天蓝色和粉红色则容易使人感到愉快开朗，充满希望，所以不容易让人产生绝望的情感。

心理学家对颜色与人的心理健康进行了研究。研究表明在一般情况下，红色表示快乐、热情，它使人情感热烈、饱满，激发爱的情感；黄色表示快乐、明亮，使人兴高采烈，充满喜悦；绿色表示和平，使人的心里有安定、恬静、温和之感；蓝色给人以安静、凉爽、舒适之感，使人心胸开朗；灰色使人感到郁闷、空虚；黑色使人感到庄严、沮丧和悲哀；白色使人有素雅、纯洁、轻快之感。

研究指出，颜色还能影响人的食欲。橙黄色可以促进食欲，黑白色则会降低食欲。适宜的颜色不仅影响食欲，而且可以增进健康。人们通常习惯于把医院和诊所的墙壁刷成白色就是这个道理。因为白色给人清洁的印象，也可使痛苦的病人安静下来，这样有利于治疗、恢复健康。德国慕尼黑市的医院通过实验还发现，浅蓝色的墙有帮助高烧病人退烧的作用，紫色会使孕妇安静，赭色有助于升高低血压病人的血压。

颜色与工作效率也有关系。某企业有过这样有趣的事例：许多搬运黑色和深灰色部件的工人感到这些部件特别沉重。在心理顾问的指导下，管理部门把这些部件漆成浅黄色后，工人感到比以前轻松多了。专家们还发现，黄色、橙色和红色能激发人们的热情，提高人们的积极性。运动场上总是红旗招展，现在新型的塑胶跑道上也画出了色彩鲜艳的跑道线，其目的亦在于激起运动员的神经兴奋，使他们进入良好的竞技状态。相反，蓝色和紫色等属于消极色，会减慢人们的工作节奏。

不同的颜色使人产生不同的情绪、情感。长期住在红房子里，情绪会兴奋；如果住在苹果绿的屋里，心情会平静下来。接触阳光和灯光，因而对红、橙等色产生幸福温暖之感；接触树木、禾苗，因而对绿色产生生长、希望之感；接触即将收割的稻、麦等，就会对黄色产生成熟、务实之感；经常接触泥土、重金属，则会对黑色和棕色产生沉重、艰辛、凝重之感。

在临床实践中，学者们对颜色治病也进行了研究，效果是很好的。高血压病人戴上烟色眼镜可使血压下降；红色和蓝色可使血液循环加快；病人如果住在涂有白色、淡蓝色、淡绿色、淡黄色墙壁的房间里，心情会很安定、舒适，有助于健康的恢复。

颜色对人的脉搏和握力也有一定影响。实验证明，人在黄颜色的房间里脉搏正常，在蓝色的房间里脉搏减慢一些，在红颜色的房间里脉搏增快很明显。

法国的生理学家实验发现，在红色光的照射下，人的握力比平常增强一倍；在橙黄色光的照射下，手的握力比平常增强半倍。

由此可见，颜色不但可以影响人的情感，而且还会对人的健康产生影响。颜色的作用不容小视呀！

天气也会触发人不同的情感

生活中，你是否有过这样的体验？如果天气晴朗、阳光灿烂、微风和煦，你会觉得神清气爽、精神振奋、心情舒畅。如果一连几天阴雨绵绵，你会经常感到莫名其妙的烦躁不安、心情低落、郁郁寡欢。

对于这种由于天气变化带来的情感变化，我们不能简单地归结为多愁善感。因为科学家已发现，气候特别寒冷的地带，在冬天人们的会显著地忧郁、低落。而导致人们情绪低落的主要原因就是缺少阳光。此外人们还会出现容易疲劳、嗜睡、喜欢吃大量含碳水化合物的食物等现象。

精神治疗专家发现，人的情感确实或多或少地会受到天气的影响。人们对天气变化，特别是坏天气的刺激反应强烈，会表现出种种不适症状：疲倦、虚弱、健忘、眼冒金星、神经过敏、精神不振、情绪低落、工作提不起精神、睡眠不好、偏头痛、注意力不集中、恐惧、冒汗、没有食欲、肠胃功能紊乱、神经质、易激动，等等。

1982 年至 1983 年的厄尔尼诺现象，曾经使全球大约 10 万人患上了抑郁症，而且精神病的发病率也上升了 38%，交通事故也至少增加了 5000 次以上。原因就是，全球气候异常和天气的灾难，超过了一部分人的心理承受能力。环境心理学的研究指出，温度与暴力行为有关，夏日的高温可引起暴力行为增加。但是当温度达到一定限度时，即使再升高也不导致暴力行为，而导致嗜睡。温度也和人际吸引有关，在高温室内的被试者，比在常温室内的被试者，更容易对他人作出不友好的评价。

我们都知道，万物生长靠太阳。植物往往有向光性，人也是一样。一般来说，选择阳光充足的居所对人比较有利，因为光是热、土壤、植物、水、空气的轴心。

有心理学家研究表明，在日光灯中加入类似太阳光的紫外线，对健康有好处。让自闭者生活在光线较充足的地方，其自闭行为会减少一半，还会增加许多与人互动的行为。而阳光不足会造成视觉疲劳、反胃、头痛、忧郁、郁闷等行为反应。研究甚至发现，人在日光灯下与太阳光下的工作效率不同。生活中，如果你仔细观察就会发现，在阳光充足的地方，儿童会显得更加活泼。

在法国，曾有一段长时间的阴雨天气，于是许多治疗机构创造性地采用人造阳光治疗法，就是用光照来治疗这些等不及阳光出现的病人，并具有明显的疗效。

长时间的天气特征，会形成气候。研究发现，一个人所生活地区的气候与他的性格的形成有直接的关系。这也是因为天气影响到人的心情，天长日久，就影响了性格。所谓"一方水土养一方人"，几乎每个人都无法完全摆脱这种环境的影响。

长期生活在热带的人，性格比较暴躁易怒。纬度高的寒带，气候寒冷，阳光稀少，是抑郁症的高发区。生活在气候湿润、万物生机盎然的水乡的人，一般比较多情、反应机敏。生活在草原上的牧民大多性格豪放，山区的人多是性格率直。秋高气爽的气候被认为最适合创作，长年居住在 15 ～ 18 摄氏度环境中的人，头脑较为发达，文学艺术的成就比较突出。

由此可见，天气对人的情感有很大的影响，而且，一个地区的气候与人的性格形成也有很大的关联。但是，天气、气候不是人所能控制的，你若想拥有好的心情、良好的性格，能改变的唯有你自己。

7 种全球通用的表情模式

美国著名心理专家保罗·艾克曼研究了不同的精神状态对人们的影响，以及这种精神状态是怎样反应到人的身体和脸上，他发现了有 7 种基本情感的表达方式是全球通用的。这 7 种情感表达方式是：惊讶、悲伤、愤怒、恐惧、快乐、厌恶，以及轻蔑。

1. 惊讶

惊讶是一个人持续时间最短的表情。人们在吃惊或有防备的时候，会把眼睛睁得特别大，并且巩膜（眼白）会在虹膜（眼睛中有颜色的部分）之上。再加上一些面部表情，例如，眉毛会抬起，且向上弯曲，而下颌下垂，双唇分开，年纪大的人的前额还会出现许多皱纹。在你看到这些现象后，就可以完全肯定，这个人正在震惊中。

2. 悲伤

和惊讶相反，悲伤是一个人持续时间最长的感情，很多事情都可以让我们感到悲伤，当我们因为种种原因要和心爱的人分别的时候，当你因为自己的失误而丢掉了一份宝贵的工作的时候，都会有悲伤的感情，悲伤还具有社会功能，但你的面部表情表现出悲伤的时候，你会得到别人的安慰、帮助、鼓励，等等。社会让男人不敢轻易表现自己的悲伤，他们总是强颜欢笑，但是表情不会骗人，强颜欢笑是很难掩盖的。悲伤的一大特点是脸部肌肉松弛，并且，眉毛里端收缩或扬起，眉毛之间产生垂直的皱纹，上眼皮里端抬起，形成三角形，下眼皮也可能会受到影响，变得紧张，嘴角会向下撇。

3. 愤怒

我们愤怒常常是因为某件事或者某个人阻止了我们想做某件事的想法，有时候我们也会对自己感到生气，还有时候别人不赞成我们的想法时我们也会愤怒。愤怒是一种危险的感情，常常伴随着我们想要伤害别人的冲动。当然愤怒也有一定的好处，它可以成为我们改变某件事情的动力。当一个人愤怒的时候，他的眉毛会收缩或者下垂，两眉间有皱纹但是前额不会有皱纹，从嘴巴上来看，双唇紧闭也是愤怒的一个信号。当某个人因为愤怒而直接盯着另一个人，显示出紧张的眼部状态时，他的上下眼皮也会很紧张，眼睛眯成一条缝。他用眼睛盯着别人，用以宣泄内心的感受，甚至达到吓唬对方，或威胁对方的目的。

4. 恐惧

对我们的心理或者身体产生伤害的事情都会让我们产生恐惧的情感。从生物意义上来讲，恐惧能让我们迅速逃离危险。他的眼睛会直愣愣地大睁着，好像要把那预示着迫近危险的最细微的动作都看个一清二楚。这种状态下，发出动作者的下眼皮很紧张，但同吃惊的情绪不同的是，感到恐惧的人的面部表情很不一样，他们的眉毛抬起并锁在一起，呈现平线形态，嘴巴是紧张而且向回收缩的。

5. 快乐

什么东西会让我们感受到快乐呢？美丽的鸟儿、孩子的笑声、花朵的芳香都会让快乐之感油然而生，而人们似乎把快乐更多地表现在声音之中，比如快乐的大叫、快乐的笑，脸部变化则不那么明显。真笑和假笑之间也有着明显的区别，真笑时，会有两块主要的肌肉被用到，颧骨肌和轮匝肌，颧骨肌把嘴巴仰起来，轮匝肌让眼睛周围变得紧张，当假笑的时候，轮匝肌是不会被用到的，因此我们在形容某个人假笑的时候常常说："他的嘴在笑，但是眼睛却没有笑。"

6. 厌恶

你知道厌恶的表情会是什么样子的吗？不妨开始这样的想象：你需要准备两样东西，一个玻璃杯，一口口水，现在想象你吐一口口水到玻璃杯里面，然后喝下去。这样的想象很可能会让你出现厌恶的表情。厌恶是一种非常强烈的情感，也是一种非常明显的表情，厌恶的表情很少会用到眉毛和前额，只是用到脸的下半部分，所以厌恶也是一种很容易假装的表情。判断一个人的厌恶是真是假，可以通过观察他的鼻子，如果鼻梁上出现了皱纹，就表示他真的升起了厌恶之情。

7. 轻蔑

轻蔑和厌恶密切相关，但是我们不会对物产生轻蔑之情，只会对人轻蔑。我们通常想让那些我们轻蔑的人感到我们自身的优越感。当一个人有轻蔑的感情的时候，他的嘴角会拉紧并且上扬，形成一个带点邪气的微笑，鼻子可能还会发出"噗"的声音，眼睛还会往下看。

第三章
不同的感官创造不同的思维方式

不同的感官创造不同的思维方式

　　上文那个黄昏时分海滩漫步的情境想象，可以说明人类的大脑并不能很好地区分内在与外在的感官运用，也就是说大脑不能够区分实际发生的情况和幻想的情况，这些也是臆想症产生的生理基础，出现这种情况的原因是不论在哪一种情况下，我们的大脑都有相同的区域被激活了。

　　人类的大脑包括左、右两个半球及脑干，它作为人体的神经中枢，指挥着人体的一切生理活动，如脏器的活动、肢体的运动、感觉的产生、肌体的协调以及说话、识字、思维等。科学研究证明，大脑特定功能源于大脑的某一区域，大脑也由此被划分为不同的区域，如视觉区、感觉区、记忆区、语言区、识字区、运动区和联合思维区等。

　　在大脑活动中，运用不同的感官记忆对我们从外界收集到的信息进行转换，会激发特定的大脑区域，使我们发现不同的重点，从而导致我们产生不同的思考方式，并以不同的方式进行人际交流。

在 20 世纪 70 年代末，一个心理学学生理查德·班德勒和一个语言学学生约翰·格林德提出了一个 EAC 模型，即眼睛解读线索。这个模型对不同的感官和思维方式之间进行一些有效的研究，这个模型认为：

眼睛向上方看，表示大脑的视觉区域正在被激活，叫做视觉记忆；看右上方，在创建图像，向左上方看，则在记忆图像。

眼睛平视，则意味着大脑的听觉区域正在被激活，叫做听觉记忆；朝左看，是在回忆声音，朝右看则是在创造新的想法，比如你在想象别人会对你说什么。

眼睛朝右下方看，则表明大脑的感觉区域和情感区域被激活，叫做动觉记忆；不过这时候并不能区分出人们究竟是在记忆还是在创建。

眼睛朝左下方看，说明大脑的联合思维区域被激活，正在进行逻辑思维，被心理学家称为中立阶层。

现在我们可以来测试一下 EAC 模型的有效性：

眼睛盯着左上方的某个点，在大脑里浮现出某一幅你喜爱的名画，如列宾的《伏尔加河上的纤夫》或者达·芬奇的《蒙娜丽莎》、《最后的晚餐》，当然也可以是别的你喜欢的。那幅画你肯定已经看过很多次了，尽管你不一定特别关注过它。尽量想出这幅画的很多细节，比如，人物的脸、衣服、背景、画面的整体颜色，等等。

给自己 20 ～ 30 秒钟来做这个测试。

做完后，把画面从你的脑海里删除，然后，把眼睛朝右下方看，重复以上的过程，尽力想象刚才那幅画的画面。你的脑海里还可以很容易地形成图像吗？

　　尽管之前你成功地做了一次，但是这次眼睛在向右下方看时，想象画面却变得有些困难了，这是因为你大脑中的视觉区域不再被激活了。换句话说，眼睛朝右下方看是不能调动视觉记忆的，只有在朝左上方看时才能调动视觉记忆。

　　如果你问一个朋友"你的假期过得怎么样"，并注意观察他的眼睛，你会发现他的眼睛先是往左上方看，接着又迅速地往右下方看，这就表明他大脑中的思维过程是先回忆他的假期看起来怎样，然后通过回忆他的感觉来确定对假期的记忆。这正好说明不同的感官创造了不同的思维方式。

人们所偏好的感官记忆各不相同

　　感官记忆是大脑思维的一个重要组成部分，那些专门研究记忆原理及提高方式的人已经发现人们所偏好的感官记忆各有不同，并成为他们提出不同记忆偏好者应该使用不同的记忆方法的理论基础。

　　不同的人喜欢运用不同的感官记忆，有的人喜欢运用视觉记忆来思考外在的事物，有的人则喜欢运用听觉记忆，还有的人喜欢动觉记忆，比如所有的身体感觉，包括触摸、温度，等等。与动觉感官记忆相应的内在元素就是我们的情感，非常感性的人就属于这类群体。还有少数人喜欢味觉和嗅觉体验，不过，从实用的角度来看，他们通常也被划为喜欢动觉记忆的人群。

　　在感官记忆偏好中，这有一个中立群体，也就是上面提到的中立阶层。他们不像视觉、听觉或动觉群体那样依赖外在的刺激，而是更喜欢运用逻辑推导的思维方式，对外在的事物喜欢仔细推敲，甚至和自己进行辩论（自言自语）。对他们而言，每件事情不是对就是错，不是黑就是白，几乎不存在灰色的中间地带。

需要注意的是，有感官记忆偏好，并不是说我们就只使用一种感官记忆，事实上，每个人在接触外界事物时，都会在不同程度上使用所有的感官记忆，但有一种感官记忆会使用得很多，起到主导地位，其他的感官记忆则主要用于印证主导的感官记忆。而各种感官记忆之间的搭配是因人而异的，比如，有的人非常喜欢听觉记忆，但也会使用不少视觉记忆；有的人则几乎完全依靠自己的听觉记忆，而很少运用其他的感官记忆；有的人会以视觉记忆为主，同时运用情感和听觉记忆来支持自己视觉记忆的变化；但也有不少人仅仅使用视觉记忆，等等。我们要在与人交往中通过多种方式来判断其感官记忆偏好。

主导感官决定我们喜欢使用哪种词汇

你一定没有意识到自己在所有的语言词汇中存在着某种偏好，而别人和你一样，也有很喜欢使用的词汇，这就为我们发现别人喜欢运用哪种感官记忆提供了另一种途径——听他们说话。人们的话语往往包含了各种各样的判断、描述行为的词汇以及比喻。人们对感官记忆的偏好，会决定人们喜欢的词汇和表达方式。

1. 视觉词汇及其表达

有视觉记忆偏好的人总是偏爱：光、看、瞅、瞧、观察、看见、预见、洞悉、洞见、显现、描绘、呈现、揭露、展示、画面、肖像、景象、闪闪发光、澄清、多姿多彩等用到眼睛的词汇，他们认为这些词会使自己的语言形象生动。

这类人更倾向使用这样的表达：

我想要见你

我明白你的想法

我需要更仔细地观察

能不能把你的意思用图表示出来呢

这个项目的前景看起来很光明

几年后你想起这个肯定还会笑出声来

这样会使你的画作更增光添彩了

清澈的湖面泛起了阵阵涟漪

2. 听觉词汇及其表达

有听觉记忆偏好的人会使用各种不同的听觉词汇，例如：问、说、听、声音、大声、单调、沉闷、节奏、语音、聋、响、沉默、刺耳、悦耳、告诉、讨论、评论、听得见、倾听、尖叫、听众、听从、听候、听话、听讲、听来、听凭等与耳朵和口有关的词语。

他们更喜欢用这样的表达方式：

先听我说完

你的话听起来挺有道理的

能跟我说说你的想法吗

他们俩的声音听起来很像

你慢慢说

一个字一个字地说

我从来没有听说过这种事

我来给大家讲个笑话

我们也可以说

3. 动觉词汇及其表达

有动觉记忆偏好的人，包括由触觉或情感触发记忆的人，以及那些喜欢运用味觉或嗅觉的人，他们喜欢用这样一些词汇：身心、酸的、甜的、苦的、辣的、咸的、接触、抚摸、触摸、温暖、冰冷、疼痛、紧张、切实的、沉重的、轻松的、平静的、平滑的、粗糙的等和感觉感受有关的词语。

他倾向于使用这样的表达：

你不妨尝试一下

好香啊

我心里好疼啊

我抓到它了

它最终还是陷下去了

放松身体

抚摸着一只猫

这才只是接触到了问题的表面

这种关系基于一个很坚实的基础

她很甜美

4. 中立词汇及其表达

前面提到的中立阶层总是喜欢用那些与感官无关的词汇，例如：思考、逻辑、决心、决定、知道、理解、记住、估计、警惕、警醒、激励、励志、学习、接受、改变、放弃、过程等看起来毫无感情色彩的词语。

这类人的说话听起来或多或少像一篇论文，他们的表达方式都是以略带冰冷的严谨为基调。不过最令他人感到尴尬的是，虽然他们说话是努力避免自己被误解，但他们却是最容易被误解的一群人。这是因为人们通常都是以不同的感官记忆来解读外界事物，而中立阶层却几乎不使用与感官记忆有关的词汇，这使得他们的话语听来非常抽象、难以理解，而不同的听者会以自己的感官记忆来自由地解读，因此造成了许多种不同的理解结果。毕竟，通过自己能直接看到、听到或感觉到的事物来和抽象的事物作参照，谈话才会变得更容易理解，交流也更畅通。

此外，人们的主导感官不仅会影响词汇使用，还会影响对事物的关注方向。例如上面提到的四种人刚刚看了同一场音乐剧，如果你问他们对音乐剧的感觉，他们的回答可能是下面这样的：

"他们把剧中所有的歌都重新演绎，配乐也加入了很多现代元素，真令人激动，这是一出不错的音乐剧，不过我不明白为什么他们表演时要那么声嘶力竭。"

"我看的不大清楚，但这确实是一场不错的音乐展示，尤其是高潮部分，表演得太成功了，我看到了一个闪亮动人的画面。"

"我觉得剧场里面虽然拥挤但也很温暖，至于音乐，那给了我很深的触动。"

"这个音乐剧立意新颖、主旨很贴合时代……"

你能从中判断出说话的人各是什么感官记忆类型吗？

没错，说这话的人依次是听觉记忆偏好者、视觉记忆偏好者、动觉记忆偏好者和中立者。

开放式提问和言行节奏告诉你对方的思维模式

很多的时候，我们遇到的人都比较复杂，有的人会不同程度地使用各类感官词汇，而有的人实在深不可测。这使得我们很难单凭 EAC 模型或者对方讲话所使用的词汇就找到对方的主导感官。这时，你可以使用下面两种方法：

1. 询问开放式问题

很多推销员在面对一个陌生客户时，常会用的一个老把戏，在一开始问："这看起来怎么样？"如果没有得到有效的回应，那就变成这样问："你以前讨论过这个问题吗？"或者"我希望知道你对此有什么感觉。"你也可以运用这些问题来观察你的交际对象，提问时要注意你的哪种提问方式最有效，然后再用符合哪种方式的词汇和描述。

在我们面对陌生人时，不能够把前面那六类对照问题随意使用，为了找到方向，不妨找一些简单的但又不那么具体的问题进行提问，例如："你希望我以什么样的方式向你介绍呢？"这些简单的问题不同于前面介绍的那 6 类对照问题，简单、泛指，但能够为你了解对方更喜欢哪一种感官记忆提供有用的答案，因为它们更开放。

对于开放式问题，有的人会告诉你他想说什么，有的人会要求把他想说的写下来，并附上一些图表给你看，还有的人会告诉你最重要的事情就是让他们感觉良好，以便让他们信任你。

一旦你发现对方喜欢运用哪一种感官记忆，你就能在相当程度上了解他是怎么思考的，他喜欢用什么样的方式进行交流，以及他会认为哪些事情很重要而哪些事情无关紧要。对他人具备这种了解，会大大提高你的建立亲善关系的技巧了。

2. 观察对方的言行节奏

除了开放式提问，你还可以观察他人的讲话节奏和肢体动作节奏，来判断他们的主导感官，即使还没有和他们对视或交谈，也可以这么做。视觉记忆偏好者的言行节奏都很快，动觉记忆偏好者节奏则很慢，听觉记忆偏好者则不快不慢、居于其中。反之亦然：如果你知道对方的主导感官是什么，就会了解他们的呼吸、讲话和行为的节奏，帮助你提高对他人言行方式的接受程度。

对这种观察方式稍加练习之后，你还可以模仿对方在思考时的眼睛运动，体会到对方正在想什么，还可以帮助你体会到对方所听到或感受到的事物。这些都不是有意识做的，而是在无意识中发生的，并且有助于增强你和对方之间的归属感和亲和力。

当你了解了对方的感官记忆偏好，你就会更好地理解他想表达什么。而通过把自己的语言调整成对方的语言，你也能更清楚地表达自己的想法，让对方更好地理解你，而不产生任何误会。更重要的是，如果你能用对方的方式表达自己，谈论对方感兴趣的话题，这不仅向对方表明了你和他的思维方式一样，而且有助于你深刻地理解对方思维建立的过程。

第四章
人人都需要建立亲善关系

良好的人际关系加速成功的进程

有人才华横溢，却终生不得志，也有人能力平平，却能够节节高升。其中，个人的机遇是一方面，另外很重要的则是个人的人际关系状况。一个人如果孤立无援，那他的一生就很难幸福；一个人如果不能处理好人际关系，就犹如在雷区里穿行，举步维艰。

古往今来，许多杰出的人士，之所以被能力不如自己的击垮，就是因为不善于与人沟通，不注意与人交流，被一些非能力因素打败。而人际关系好的人则可以在每条大路上任意驰骋。

刘邦出身低微，学无所长，文不能著书立说，武不能挥刀舞枪，但刘邦生性豪爽，善用他人，胆识过人。早年穷困时，他身无分文，却敢当座上宾。押送囚徒时，居然敢违王法，纵囚逃散。以后斩白蛇起义，云集四方豪杰，各种背景的人都为他所用，如韩信、彭越，这些威震天下的英雄。至于刘邦身边的文臣武将，如萧何、曹参、樊哙、张良等，都是他早期小圈子里的人，萧何、曹参、樊哙更是刘邦的亲戚。他们在楚汉战争中劳苦功高，最终帮助刘邦建立了西汉王朝。

可以说刘邦能够成就自己的帝王之业，离不开他手下的那些朋友。不仅帝王将相需要借他人之力，就是平民百姓也离不开朋友、离不开良好的人际关系。

人际关系背后的意义，其实比我们所能想得到的还要深远。正如魏斯能在采访了 280 位企业总裁后写《不上，则下》一书时说："那企业的总裁们，非常致力于发展'双赢'互利关系的基础。他们每个人都有如何步步高升到金字塔顶端的精彩故事，而大多数人把他们的成功归功于身旁人的提拔。"

美国作家柯达同样认为："人际网络非一日所成，它是数十年来累积的成果。你如果到了 40 岁还没有建立起应有的人际关系，麻烦可就大了。"

连美国石油大亨洛克菲勒在总结自己的成功经验时也曾表示："与太阳下所有能力相比，我更关注与人交往的能力。"正是洛克菲勒的这种卓越的人际关系能力成就了他辉煌的事业。

每个人都将成功作为自己追求的人生目标，因为在竞争的社会里只有拥有事业的成功才是完美的人生。一个人的成长、发展、成功，都是在人际交往中完成的，甚至一个人的喜怒哀乐也都与他的人际关系息息相关。没有良好的人际关系，人们无法预测自己的前途，无法面对困难，无法面对天灾人祸；没有良好的人际关系，人们就组不成家庭、社会和国家，更谈不上个人的前途和发展。

所以，别忽视了与他人建立良好的人际关系，它会在通向成功的道路上助你一臂之力，给你的成功加速。

多一分理解，就能少一分摩擦

在美国的一次经济大萧条中，90% 的中小企业都倒闭了，一个名叫丹娜的女人办的齿轮厂的订单也一落千丈。丹娜为人宽厚善良，慷慨体贴，交了许多朋友，并与客户保持着良好的关系。在这举步维艰的时刻，丹娜想要找朋友、老客户出出主意、帮帮忙，于是就写了很多信。可是，等信写好后才发现：自己连买邮票的钱都没有了！

这同时也提醒了丹娜：自己没钱买邮票，别人的日子也好不到哪里去，怎么会舍得花钱买邮票给自己回信呢？可如果没有回信，谁又能帮助自己呢？

于是，丹娜把家里能卖的东西都卖了，用一部分钱买了一大堆邮票，开始向外寄信，还在每封信里附上 2 美元，作为回信的邮票钱，希望大家给予指导。她的朋友和客户收到信后，都大吃一惊，因为 2 美元远远超过了一张邮票的价钱。每个人都被感动了，他们回想了丹娜平日的种种好处和善举。

不久，丹娜就收到了订单，还有朋友来信说想要给她投资，一起做点什么。丹娜的生意很快有了起色。在这次经济萧条中，她是为数不多能站住脚而且有所成的企业家。

我们如果想要与他人建立亲善关系，就要学学例子里的丹娜，多理解他人一分，我们交往的摩擦也就少了一分了。

时常有些人抱怨自己不被他人理解，其实，换个角度可能别人也有同样的感受。当我们希望获得他人的理解，想到"他怎么就不能站在我的角度想一想呢"时，我们也可以尝试自己先主动站在对方的角度思考，也许会得到一种意想不到的答案。许多矛盾误会也会迎刃而解。

一位女孩刚开始上网的时候，个性十足，上论坛最喜欢批评人，当然也挨批评。挨批评了，心里不好过，吃饭都吃不下去。好友知道后对女孩说了一句话："上网是为了快乐。"这句话如同醍醐灌顶，让女孩一下子释怀。

想想看，大家来自不同的城市甚至不同的国家，有不同的看法，操着不同的口音，如果没有网络，大家如何能彼此交谈？如何能够彼此分享快乐，分担忧伤？相识，本来就是缘分。珍惜缘分，珍惜彼此。伤人不快乐，被伤更不快乐。

后来再上网，女孩再也没有和人吵过架，没有恶意抨击过别人——不为别的，只为大家都要寻求快乐。

沟通大师吉拉德说："当你认为别人的感受和你自己的一样重要时，才会出现融洽的气氛。"我们需要多从他人的角度考虑问题，如果对方觉得自己受到重视和赞赏，就会报以合作的态度。如果我们只强调自己的感受，别人就会和你对抗，正如例子里的女孩最终所体会到的一样。

换个角度替对方多思考一下，多理解对方一下，关系立刻就会变得缓和。所以，如果我们想与他人建立亲善的关系，就应该给他人多一分理解，多一分宽容，人际交往才会更顺利。

读懂别人内心才不会雾里看花

人的复杂性不仅仅是生理构造上表现出的复杂性，还在于心理上表现出的复杂性。因此，当你不了解某人时，最好不要轻易被他的表象所左右。因为，这种表象很可能是一种假象。

美国心理学者奥古斯特·伯伊亚曾经做过一个实验，让几个人用表情表现愤怒、恐怖、诱惑、漠不关心、幸福、悲哀，并用录像机录下来，然后，让人们猜哪种表情表现哪种感情。结果，每人平均只有两种判断是正确的。当表现者做出的是愤怒的表情时，看的人却认为是悲哀的表情。

人是一个矛盾的综合体。人们的喜怒哀乐，远非自身所表现出来的那么简单。欢笑并不一定代表高兴，流泪并不一定代表伤心，鞠躬并不一定代表感谢，拍手并不一定代表赞赏……

要想与他人建立亲善关系，必须善于揣摩他人的心理。你只有读懂他人心，才不会雾里看花，才能替他人遮掩难言之隐。

郑武公的夫人武姜生有两个儿子，长子是难产而生，因而叫寤生，相貌丑陋，武姜心中深为厌恶；次子名叫段，成人后气宇轩昂，仪表堂堂，武姜十分疼爱。武公在世时武姜多次劝他废长立幼，立段为太子，武公怕引起内乱，就是不答应。

郑武公死后，寤生继位为国君，是为郑庄公。封弟段于京邑，国中称为共叔段。这个共叔段在母亲的怂恿下，竟然率兵叛乱，想夺位。但很快被老谋深算的庄公击败，逃奔共国。庄公把合谋叛乱的生身母亲武姜押送到一个名叫城颍的地方囚禁了起来，并发誓说："不到黄泉，母子永不相见！"意思就是要囚禁他母亲一辈子。

一年之后，郑庄公渐生悔意，感觉自己待母亲未免太残酷了点，但又碍于誓言，难以改口。这时有一个名叫颍考叔的官员摸透了庄公的心思，便带了一些野味以贡献为名晋见庄公。庄公赐其共进午餐，他有意把肉都留了下来，说是要带回去孝敬自己的母亲："小人之母，常吃小人做的饭菜，但从来没有尝过国君桌上的饭菜，小人要把这些肉食带回去，让她老人家高兴高兴。"

庄公听后长叹一声，道："你有母亲可以孝敬，寡人虽贵为一国之君，却偏偏难尽一份孝心！"颍考叔明知故问："主公何出此言？"庄公便原原本本地将发生的事情讲了一遍，并说自己常常思念母亲，但碍于有誓言在先，无法改变。颍考叔说："这有什么难处呢！只要掘地见水，在地道中相会，不就是誓言中所说的黄泉见母吗？"庄公大喜，便掘地见水，与母亲相会于地道之中。母子两人皆喜极而泣，即兴高歌，儿子唱道："大隧之中，其乐也融融！"母亲相和道："大隧之外，其乐也泄泄！"颍考叔因为善于领会庄公的意图，被郑庄公封为大夫。

这个事例告诉我们：与人相处，最重要的是那一份"心领神会"。有些事别人心里在想但不好说出来，更不用说去做了，这时，需要旁人的默契配合来解围。

准确领会其意图，并非一日之功，需要平时细心留意，学会观察生活。

解读表情的能力是人际和睦的关键

俗话说："出门看天色，进门看脸色。"无论做什么事，对什么人，只有读懂对方的表情，摸清对方的心思后，再付诸行动，才能做到得心应手，万无一失。

中国民间就有这样的说法，老人总是告诫小孩子要学会"看脸色"，也就是从对方的神态表情和其他身体语言中探知对方的心，从而做出一些顺从对方的事情，或者避免做出一些让对方不满意的事情。

关于"看人脸色"，还有一个关于康熙皇帝的故事。

据说康熙皇帝到了晚年，由于年纪大了，产生了一个怪脾气——忌讳人家说老。如果有谁说他老，他轻则不高兴，重则要让对方触霉头。所以，左右的臣子们都知道他这个心思，一般情况下都尽量回避说他老。

有一次，康熙率领一群皇妃去湖中垂钓，不一会儿，渔竿一动，他连忙举起钓竿，只见钩上钓着一只老鳖，心中好不喜欢。谁知刚刚拉出水面，只听"扑通"一声，鳖却脱钩掉到水里又跑掉了。康熙长吁短叹，连叫可惜，在康熙身旁陪同的皇后见状连忙安慰说："看样子这是只老鳖，老得没牙了，所以衔不住钩子了。"

话没落音，旁边另一个年轻的妃子却忍不住大笑起来，而且一边笑一边不住地拿眼睛看着康熙。康熙见了不由得龙颜大怒，他认为皇后是言者无心，而那妃子则是笑者有意，是含沙射影，笑他没有牙齿，老而无用了。于是将那妃子打入冷宫，终生不得复出。

为什么皇后在说话时明显说到"老"字，康熙并没有怪罪她，而妃子只是笑了一笑，康熙却怪罪她呢？首先是康熙的忌讳心理，他不服老，忌讳别人说他老，一旦有人涉及这个话题，心理上就承受不了。再者由于皇后与妃子同康熙的感情距离不同。皇后说的话，仔细推敲一下，有显义和隐义两个意义，显义是字面上的意义，因为康熙与皇后的感情距离较近，他产生的是积极联想，所以他只是从字面上去理解，知道皇后是一片好心的安慰。妃子虽然没有说话，只是笑了一笑，但她是在皇后的基础上故意引申，是把那只逃掉的老鳖比作皇上，是对皇上的大不敬。

所以，同样的问题，同样的环境，由于不同的人物的不同理解，便引出不同的结果来。正所谓"说者无心，听者有意"，实际上究其原因，还是那个妃子没有用心观察别人脸色，不能读懂皇帝心思的缘故。

生活中，与人交往如果不用心，就会遇到许多想象不到的问题，因为你并不知道自己什么时候就把别人给得罪了。所以要想与人建立亲善关系，一定要学会解读对方的表情，学会用心，否则你就会面临一道道难以预测的障碍。

听懂话里的"弦外之音"，交往才能顺利进行

在日常交往中，通常存在着两种类型话语：一种是表面话语，而另一种是"弦外之音"。"弦外之音"才是一个人真正表达其感情或祈求的内心话，因此，如果想要正确地理解他人，让交往顺利进行，我们就必须懂得如何去听取对方话语中的"弦外之音"。

在日常的对话之中，我们是很难从对方话语的表面去了解他的真意。这时，就必须从隐藏在对话背后的"弦外之音"上着手探索，才能够使彼此的意思或感情得到有效的沟通，才有助于建立亲善关系。

举一个例子来说：

在一个天气暖和的上午，晓惠坐在公园里的一张长椅上欣赏风景。

这时候，坐在离晓惠不远的长椅上的一名男士，突然向她说："今天天气很好啊！天上一片云彩也没有。"

如果从他这句话的表面来想，他只是向她叙述天气的状况，可是实际上，它还隐藏着许多的意义。

首先，表示他很想和晓惠谈话。其次，由于他怕晓惠不愿意和他这样一名素不相识的人对话，所以，就借这句话来试探她的反应。

如果他一开口就问："你从事哪一方面的工作？""你有几个小孩？""请问贵姓？"很可能晓惠会不理他，那么他不是会很尴尬吗？所以，他就借叙述天气而和晓惠攀谈。

为了能够敏感地听懂别人的弦外之音，我们必须养成这样的习惯：当自己听别人在说话，或者是自己在和别人对话时，要自问一下："他为什么要这么说？他那句话中的'弦外之音'是什么？"

如果对方是在炫耀他那光荣的过去，这时候我们就要留心了，因为此时他心里正在期待着我们的夸奖，所以，只要顺其意夸奖他，你就一定能够获得他的好感。

同时，我们也要懂得如何听出讥讽、嘲笑、挖苦等言外之语。对方之所以会向我们说这种话，一定是因为对我们感到不满才会这样的。遇到这种情况时，我们不要立刻反驳或一味生气，就当做没有听到好了，免得和对方发生不必要的冲突。不过，事后最好能自己检讨一下，为什么别人会讥讽我？我本身是否有什么缺点？或者是无意中得罪了人家，才会引起别人的怨恨，而以讥讽来消除他心中的怨恨呢？当我们得知了其中的原因之后，并且及时改正自己的行为，那么，虽然受到别人的讥讽，也可以说是"因祸得福"了。

如果我们能够做到以上所说，与他人顺利交往、建立亲善关系会变得更容易。

第五章
亲善的基本原则：把自己"变成"对方

每个人都喜欢与自己相似的人

中国有句古话是"物以类聚，人以群分"，说的是人们对和自己相似的人看着比较顺眼，相似的两个人容易成为朋友。

走在街上你会发现，浓妆艳抹的美女总是和同样打扮前卫的女人并肩而行；素面朝天的女生身边也总是一个同样打扮简单的女生。从外表上看就验证了那句"物以类聚，人以群分"的老话。从深层次来看，浓妆艳抹的女人可能都对美容、服饰、流行这些东西感兴趣，而素面朝天的女生则可能喜欢看书、看电影。

由此可见，通常情况下，人们喜欢那些在各方面与自己存在某种程度相似的人。

钟子期和俞伯牙的友谊流传千古。俞伯牙有出神入化的琴技，而只有钟子期才能听出他琴技的高妙，于是钟子期和俞伯牙成了最知心的朋友。后来钟子期病死，俞伯牙非常伤心，在钟子期的坟前将琴砸得粉碎，终生不再弹琴。因为已经没有人能够听懂他的琴声了，何况这还会勾起他对钟子期的怀念和伤感。

钟子期、俞伯牙之所以有超乎寻常的友情，就是因为他们有个相似的特点——对音乐有高超的鉴赏力。因为无人能取代钟子期，所以他在俞伯牙心中的地位是独一无二的。

科学家曾人为地将某大学的学生宿舍进行了安排，他们先以测验和问卷的形式了解了部分学生的性情、态度、信念、兴趣、爱好和价值观等，然后把这些学生分为志趣相似和相异的，然后把志趣相似的学生安排在同一房间，再把志趣相异的也安排在同一房间，然后就不再干扰他们的生活和学习。过了一段时间，再对这些学生进行调查，发现志趣相似的同屋人一般都成了朋友，而那些志趣相异的则未能成为朋友。

那么，为什么人会喜欢与自己有相似性情、类似经历的人交往呢？

当人们与和自己持有相似观点的人交往时，能够得到对方的肯定，增加"自我正确"的安心感。他们之间发生冲突的机会较少，容易获得对方的支持，很少会受到伤害，比较容易获得安全感。

此外，有相似性情的人容易组成一个群体。人们试图通过建立相似性的群体，以增强对外界反应的能力，保证反应的正确性。人在一个与自己相似的团体中活动，阻力会比较小，活动更容易进行。

所以，每个人都喜欢与自己相似的人。如果你想与他人建立亲善关系，不妨把自己"变成"他人，让你们拥有相似的地方，这样能迅速拉近距离，增进感情。

调整你的声音，用声音建立一致性

有这样一个实验：

一个电话推销公司为了让更多的人订阅杂志，他们让销售人员给每个潜在客户打 1 ~ 2 次电话进行推销。所有的销售人员被分成了两组，第一组沿用老一套的方式进行电话销售，第二组则得到了一个额外的指示：在给客户打电话时，尽量模仿对方的语速。只是这么一个小小的差异，结果却大不同：第二组销售人员的业绩比以往提高了 30%，而第一组销售人员的业绩则看不出有明显的改善。

除了配合对方的语速后，我们还可以配合对方的语调和音量等。这些都是声音里的某一个元素。声音是建立亲善关系的另一个强有力的工具，我们可以通过调整自己的声音，使之与谈话对方一致来获得对方的好感。我们需要根据自己的判断逐渐地调整声音，但是大可不必精准地模仿对方的声音，这样不仅很难做到，而且会显得很奇怪。为了使我们的声音模仿和对方相近，需要体会对方是怎样运用以下这些元素的：

1. 音调

对方的音调是低沉的还是轻快的？一般来说，男人讲话时发出的声音比他们的喉咙应该发出的声音更低沉，而女人讲话时比她们应有的声音更轻快。由于文化对行为的影响，我们习惯于用说话的音调来凸显自己的性别。所以男人习惯于从喉咙里发出含混低沉的声音，而很多女人则习惯于发出轻快尖锐的声音吸引他人的注意。

2. 语调

对方的声音是不是始终保持在一种语调上？会不会在陈述完毕时使用降调？或者会不会在提出问题后使用升调？一般使用单一的语调或者语调保持不变的人常常使人琢磨不透他所说的话的真正含义，比如他是认真的还只是开玩笑而已。他只是在陈述还是在提问？而说话时语调比较丰富的人通常比较容易理解。

3. 语速

对方说话的速度是快还是慢？通常，我们说话的速度和思考的速度是一样的，因此如果你说话太快，对方的思维速度可能就跟不上你，因而无法理解你所说话的意思，错过了你想传达的重要信息。而如果你说话的速度又太慢，对方则很容易感到厌倦无聊，很容易走神，不能专注于你想传达的信息。甚者，你太慢的说话语速还会导致对方烦躁不安，一心盼望着早点结束与你的谈话，避免浪费更多的时间。

4. 力量和音量

模仿别人的音量相对来说比较简单，而且很容易获得对方的好感。说话轻言轻语的人也会喜欢你把音量调整到小声安静的程度，而高声说话的人如果发现你的嗓门也不小，会把你视为同类，越发喜欢你。如果你嫌对方说话的声音过大，你可以通过提高讲话音量，让对方注意到他自己讲话的音量，从而使对方降低音量。

5. 饱满度

饱满度主要是用来形容对方的声音是浑厚而抑扬顿挫的还是细弱而轻快的。由于受文化的影响，饱满而富于变化的声音会被我们视为有力的、严肃的和可信赖的，而细弱轻快的声音则视为带些孩子气的、女性化的和诱人的。

由此可见，声音里包含了不少元素。我们如若想建立与他人的亲善关系，不妨模仿声音里的元素之一。

配合对方的精神状态，沟通效率倍增

要想建立与对方的亲善关系，配合对方的精神状态也是很重要的。

要做到这一点，你必须能够注意到那个人的情绪状态和精力值。有的人在午饭时间之前情绪都会有点低。他们早上到办公室和同事打过招呼后，就会一直坐在椅子上，浑身散发着"不要打扰我"的气息，直到午饭时间，他们才会真正地睁开眼睛，情绪也才会好转。这并不是表示他们的工作状态不太好，而是说他们需要更长的时间才会展开社交活动。一般人的情绪状态都会处于不断的变化之中，但这类人就像慵懒的猫一样，情绪只会处于一种慵懒状态中，而且很少会表现出快节奏的肢体语言。

但是有的人却正好相反，他们常常精力充沛、坚决果断。早上笑容满面地冲进办公室，精神饱满地和其他人打招呼，即使劳累了一天后，还能一路小跑回家。

也许你正精力充沛、兴致勃勃，但是你的工作计划需要得到一个昏昏欲睡、性格内向的同事的支持与合作，这时候，你最好稍稍放慢脚步，不能一开始就试着让你们两个人都充满热情。如果你大叫一声，重重地拍一下同事的后背，把他吓得够呛，而且害得他把咖啡都洒了出来，那么你肯定会在要求与他合作时遭到拒绝。相反，如果你是那种行动迟缓、处处谨小慎微的人，而你恰好又需要与那些精力充沛、行动果断的人合作，那么你就必须想办法点燃自己的激情，否则很可能激怒你的合作者。

有生理学家指出，每 90 ～ 120 分钟，我们的身体会经历一个从精力充沛到精力衰竭的周期。在精力衰竭的时期，我们会开始觉得注意力分散、坐立不安、打瞌睡和感到饥饿。这个时候，我们的身体会需要一段时间来恢复。如果你恰恰在对方进入精力衰竭时，和对方说话或者求对方办事，那么你碰壁的可能性会大大提高。

你要记住，有时候你被对方拒绝，并不是因为你的创意不够好，而是因为你的情绪状态和精力值与对方不匹配。所以，如果知道对方在午饭过后更容易接受意见时，就要把会谈约在午饭后，尽量调整自己，使自己配合对方的感受，这样沟通的效率也会大大提高。

通过调整呼吸节奏建立亲善关系

建立亲善关系的又一个基本方法，就是跟随他人的呼吸节奏，即和他人以同样的速度和强度进行呼吸，这样做的用意在于让你保持和他人一致的身体节奏。当你改变呼吸节奏时，你的肢体语言和谈话也会自动发生相应的改变，而你也可以轻易改变谈话的声调了。这样你和对方的联系同时也会变得非常微妙。

糟糕的是，要做到和他人保持同样的速度和强度呼吸是十分困难的。如果你突然注意到某个人是怎样呼吸的，那么一定想方设法去模仿他的呼吸节奏。

人们的呼吸方式决定了他们的呼吸能否被注意到，比如呼吸是重是轻？是用胸部呼吸还是横膈膜呼吸？你可以通过观察他人肩膀的颤动来发现他们的呼吸节奏，或者聆听他们的讲话，观察他们讲话中的停顿，以此来判断他们什么时候在吸气。因为我们吸气的时候通常是不说话的。

你还可以通过拥抱来清楚对方的呼吸方式。你要先观察出你和对方呼吸节奏的差异，然后慢慢模仿对方的呼吸节奏大概一分钟左右，再试着调整到与之同步。

在与人的交往中，一开始，你可能更多地把注意力放在观察对方的一般节奏上，比如对方的点头、握手，等等，而不在对方的呼吸节奏上。接着，你才会开始模仿对方的呼吸节奏，渐渐地完全跟随对方的呼吸节奏。如果你实在做不到这点，尽量使一般节奏与对方同步即可。

通过注意以及模仿对方的呼吸，也可以清楚对方的情绪。比如，当你和对方的呼吸同步时，你忽然发现对方的呼吸变得急促了，且胸部起伏，那么即使他的表情看起来镇定自若，你也可以知道他其实正焦虑着。这个发现可以让你尽量配合他，让你们的交往更顺利。

从说话习惯看心理反应

第一章
善问问题是读懂人心的关键

适当地自我揭露，鼓励对方说出心里话

　　小刘是新来的同事，她看起来有点孤僻。每天，她在早上上班的时候和同事打声招呼"早上好"之后，就一直窝在椅子里，做出一副"请勿打扰"的姿态。午休时间大家都比较活跃，聊购物、聊美食……可是小刘仍然一言不发，依旧对着电脑。部门王经理看在眼里，就主动坐到小刘身边，询问小刘最近工作的情况。小刘仍是问一句说一句，一副心不在焉的样子。见她桌子上有一个米奇图案的杯子，王经理就说："你也喜欢米奇啊，我也喜欢呢。你看，我的手表都是米奇的，我啊，就是老有少心呢！其实刚到这个公司的时候，我也很内向，那时我刚刚离婚，和大家都刻意保持着距离，还好同事都很好相处，工作上也对我很支持。你也要开朗起来哦！"小刘的脸上终于露出了笑容，最终她坦言："新的工作环境，我有点难以适应，工作又没有上手，所以有时候不太想说话。"

　　从例子可以看出，王经理的自我揭露，打动了小刘，从而鼓励小刘说出了心里话。好的谈话内容是双向的沟通，除非你谈到自

己，否则无论你问多少问题，问得多么精妙，都不会谈得太深。如果你想让别人坦白，就必须先说一些你自己的事情，这样你的谈话就变得值得一听，他会觉得你和他更亲近了。

人们都乐于接受和自己主动接近的人。有时候，如果你适当地揭露自己，包括性格上的小缺点，往往更能让人体会到真实。因为人人都有缺点，如果你表现得太过完美，高不可攀。往往会给人一种冷若冰山的感觉，从而疏远和你的距离。只有你收回了你的防卫心，对他敞开心扉，他才能对你积极回应。要知道，没有人有义务对你开放自我，也没有人向你发誓一定要主动或诚实。如果你想从他那里得到不设防的话，你就一定要鼓励他，让他信任你。可见，适当地自我揭露，更能让他对你产生信任感，你的表现不是刻意伪装的，他也更容易对你吐露心声。

因此有人说，如果你想看清某人，你就必须先让自己被他看一眼。当然自我揭露是讲究效果的，你需要仔细挑选你要揭露的事，并选择适当的时机，如果不确定要透露多少，最好少说些。你可以在关系成熟的时候适时填补一些，这样，他会感觉到有新鲜感，你也不会因为透露太多缺点而吓跑他。

对于那些取得突出成绩的人来说，适当地进行自我揭露，让自己在别人心目中的完美形象掺杂点小缺憾，往往更能消除他人的妒忌心理从而鼓励对方说出心里话。

"可是"是听不进去的表现

如果留心观察犯错的儿童，你会发现，小孩子犯错误被父母发现之后，无论大人怎么苦口婆心地教育他，无论说什么，他通常都是一种反应：瞪着乌溜溜的眼睛向上看，嘴上嘀咕着"可是……"有这样的反应表示他对父母所说的话根本不感兴趣，也没有办法静下心来倾听。这样的孩子基本以自我为中心，无论父母说什么，他都会有几句话辩解。

不只是孩子，成人也是如此。尤其是在恋人、朋友或同事之间，我们经常可以听到耐人寻味的"可是……"比如在你开会讨论问题时候，经常有人会"可是……"个没完，这样你很容易就感到手足无措。你和大家一直在讨论一个问题，可是就有那么一个人一直在用"可是"强行转换话题，结果刚刚谈论的有点眉目，讨论又不得不中断。因此，整个会议要是有一个人用两三次"可是……"这个会议就没办法继续下去。常用"可是"的这个人，他无法安静地听完你的发言，他也参与不到大家积极的讨论中去。对他来说，大家讨论的话题是他无法忍受也不感兴趣的，他没有办法静下心来倾听，他的思绪被自己"可是"后面的内容添堵得满满当当的。他喜欢这样以自我为中心，并且表现得很幼稚。

在日常交谈时，除了"可是"还有很多可以转移到新话题的连接词。如："要是这么说……""也就是说……"等，随着讯息交换或是意见表达，谈话的内容会开始绕圈子或是转向。有时候话题的转换不是自然发生的行为，而是参与者有心操控的结果。像前面提到的"要是这么说"，明显是通过承接别人的言论，将话题转移到自己的观点上。"也就是说……"则是换一种方式强调之前所说的话。这些连接词使话题的进行不像火车轨横越平原那般平顺了，它能清晰地表露出什么话题是人们感兴趣的，什么话题是他们不感兴趣的。

发现人们用"可是"来改变话题的时候，这其实也是他听不进去，想回避话题的表现。例如，假设妻子问丈夫是否想要小孩？先生回答："我是喜欢小孩，可是我们还没有准备好啊，我的工作很忙，事业正处于上升的阶段，领导说年后我就可以升职了。现在要孩子太不是时候了……"随着话题的延伸，他提到了工作、升职，蓄意变更话题，"可是"后面的阐述才是他真正想表达的，他没有真正听进去妻子的想法。不过这个转变很自然，后面的话题都是"可是"之前的延伸，并且与妻子的问题相关。

总之，如果有人在和你谈话的时候频繁用到"可是……"我们基本可以断定，他根本无视你在说什么，他也没有听进去你说了些什么，他只是想尽快结束谈话或者重新开始一段新的话题。

"年轻真好啊"其实是想听到恭维的话

小悦新进一家单位不久，她年轻有魄力，凡事都想做到最好。对待女上司交代的任务，她更是一丝不苟，加班加点，保证定时超额完成。每次她和同组的提前完成任务，她都会受到女领导的夸奖："年轻真好啊，想法很有创意。继续保持啊！""谢谢领导，我会继续努力。"小悦每次都很谦逊。可是女领导夸奖归夸奖，却连一次奖金都没有给小悦，反倒是同组的做事没有小悦利落的女孩常常拿奖金。小悦觉得自己是新来的，并不十分在意，可是一直到年底，小悦除了领导那句"年轻真好啊"之外，什么奖励都没有得到。一直到她离职，她都不明白，女领导明明看到了她的努力，为什么就没有给她更实质的鼓励呢？

　　例子中"年轻真好啊"这样类似的话语，在生活中，我们也常常听年长的上司说过。其实，后半句根据情境的不同，可以理解为"我可没有那么好的体力""我可没有那么大的冲劲"，等等。不管怎么说，看似表扬下属的话实际上却有另外的含义。当你听到上司在夸奖你"年轻真好"的时候，他的心里有可能在说："年轻真好啊，不过我和你们年轻人不一样，我更注重实际。"后一句话的真正含义，需要联系具体语境，你才可以真正体会到。

　　的确，随着年龄的增长，年长的上司对你年轻的体魄和活跃的思维会表露出羡慕和赞赏。不过，他们却保留着长期在工作环境中竞争并取得胜利的自豪感，这会使他们毫不认输，保留着一种"我不会输给年轻人"的心态。虽然他们嘴上可能对你出色的表现表示夸赞，但有可能只是"口服心不服"，他们嘴上说了"年轻真好"，心里却并不这样认为。他们也许只是出于在你面前摆出一种长者的姿态，之所以这样做，无非是想获得你的恭维，他们心底有个声音分明在说："我们承认年轻很好，但是我和你不同，我更了解脚踏实地才能把理想变成现实。"如果此时你识破了他的话外音，你来一句，"其实我觉得还有更好的方法，请您多赐教"。相信你的上司一定会乐此不疲地对你教诲了。或者你说"作为年轻人，我太毛手毛脚了，这次成功多亏了您沉稳地领导"，如果你这样说，你一定会在他脸上看到真实的想法。

　　作为年轻人，听到年长的人夸奖自己年轻有作为时，如果能透过谈话的语境，揪出他说话的本意，你一定会了解他内心的真实想法。这样，你不会因为被夸得得意忘形而被扣上"还是太年轻，没有礼貌"的帽子了。

说"喝水吗"可能是为了摆脱尴尬

　　我们日常与他人进行交流，有时会因话不投机而造成某些尴尬场面，令气氛紧张。话不投机有多种情况，第一种情况是，某种言谈举止使人为难，顿时气氛充满了异样，这就需要及时转换话题，以缓和气氛。

　　两个青年去拜访老师，在谈话中提到：

　　"老师，听说您的夫人是教英语的，我们想请她指教，行吗？"

　　老师为难地沉默了片刻，说："那是我以前的爱人，前不久分手了。"

　　"哦？对不起，老师……"

　　"没什么，喝点水吧。"

　　"老师，您的书什么时候出版啊？快了吧……"

　　这样转换话题，特别是提出对方很愿意谈的话题，就会使谈话很快恢复正常，气氛活跃起来。

　　话不投机的第二种情况，是有人有意或无意地开玩笑，带有挖苦意味，使听话者窘迫，甚至生气。如同学毕业10年聚会，有的人头发脱落许多，快成秃子了，而他的同学则挖苦他是"电灯泡""不毛之地"。在这种情况下，他不可恼羞成怒，伤了和气；但他也不想"忍气吞声"，硬装没事。于是一笑置之，豁然大度地来两句："好啊！这说明我是绝顶聪明。没听说吗？热闹的大街不长草，聪明的脑袋不长毛！"这样答复，话题未转，内容却引申、转折了，既摆脱了窘境，又自我表扬，岂不妙哉？

第三种情况是双方意见对立，谈不拢，但问题还要解决，不能回避。这种话不投机的情况就需要绕路引导。例如，在找对象的问题上，母女有矛盾。女儿不愿也不能和母亲闹僵，只好等待时机再说。这天吃饭时，母亲又唠叨起来："你这孩子，怎么就不听妈的话呢？人家局长的儿子，人长得不错，又有现成的房子，你为什么不和人家谈，偏要……""妈，喝水吗？这饭有点干，我去给您倒水……"这里，女儿说"喝水吗"是为了回避话题，意在绕路，摆脱尴尬的谈话气氛。很多时候，谈话者忽然将话锋一转，提出了"您渴吗？喝水吗？"的问题，往往是为了避免和你起争执，暂时摆脱"话题谈不拢、意见不统一"的尴尬局面。

第四种情况是在社交场合，有的人遇到一些让他左右为难的境况。他想及时给自己解围，于是就转换了话题。联系工作，洽谈生意，也可能话不投机，陷入僵局。只要还有余地，就可提出新的话题，绕弯引导。例如，甲方推销四吨卡车，而乙方不要四吨的，想要两吨的。这时，甲方若硬着头皮争执，只会越谈越僵，不欢而散。于是，甲方销售代表灵机一动说道："您渴了吧，我去给您倒杯水，一会我再细致给您讲解一下四吨车的好处！"在这里，甲方代表及时转移话题，绕弯引导，从季节、路途、载重多少与车辆寿命长短等各种因素来促使乙方考虑只用两吨的弊病，于是自然"柳暗花明又一村"，开辟了新的途径。

"绝对先生"其实未必真绝对

"绝对先生"因常说"绝对"而得名，他常常开口就说"我绝对没有在领导面前打你的小报告""今天开会我绝对没有睡觉""我最爱的绝对是你""今天的程序绝对得这么改"……这样的人，他的绰号就叫"绝对先生"。其实，根本没有人相信他的绝对，因为每每他说"绝对"时，总会被其他人想出办法来拆穿。

"绝对"的含义原本是强调某件事可能发生或不可能发生的极端程度，但在现实生活中，人们使用"绝对'所表达的意思，其实往往未必真的绝对，他们将原来所具有的强烈程度大大减轻了。比如，在工作和生活的场所，我们常常听到人们动不动就说："我认为绝对只有这个办法行得通……"或者一些小学生，他们也喜欢用绝对，如，"我敢肯定，老师绝对没有发现我抄你的作业"。常把绝对挂在嘴边的人，包括上文的"绝对先生"，他们口中的绝对，往往不是真的绝对，这些加强肯定的强调词在他们这里，早就变了味道。

经常爱说"绝对"的人，大半都有一种自恋的倾向，他们主观意识相当强烈。一旦自己的想法或过失遭到别人质疑或指责时，他就会想方设法为自己辩解，为了掩饰内心的不安和保护自己。他们特别喜欢利用"绝对……"这样的字眼和语句，企图使自己的行为在别人的心中更加合理化。基于这点，我们就可明了，这种人所以有"绝对"，不过是在向别人坦白："为了避免你怀疑我，我只好用这样的字眼肯定自己使你相信，这样做我没有办法。"由于这种人的想法都是以自我为中心，所以他们做事总是依自己的主观臆断，由于视野狭隘，他们往往想出一些不适用的幼稚想法，而且通常不会产生很好的效果。

可见，使用"绝对"的人，除了爱自己，还喜欢把"绝对"作为防卫性的借口。如果他们犯了错，"绝对"更是他们的挡箭牌。例如，"从此以后我绝对不再吸烟"、"从今以后我绝对不再犯错"，借立誓来使自己免受责备。所以不用想也知道，这种人的"绝对'不是真的绝对，他们的话是最靠不住的，因为他们十分清楚自己绝不可能不再犯，为了掩饰自己内心的真实想法，所以才在不知不觉中又说"绝对"来加以强调或欺骗。他们骗别人更是在骗自己。

"绝对"也往往是男女交往中的甜言蜜语，例如"我绝对不会离开你，除非我死"之类的话，当然这是为了表明自己内心的想法。双方在交往一段时间以后，为传达彼此深厚的爱情，也会使用"绝对"一词，但这与刚认识时信口表达的"绝对"是不同的，这时的"绝对"或许已成为一种两心相知的肺腑之言了。

常说"我"的人，自我意识较强

"我"是最稀松平常的字，也是谈话中出现频率最高的。你可以和家人、朋友进行一段不超过 3 分钟的对话，如果将这段对话录音，你会发现这段对话中"我"出现的频率，高到无法想象。研究发现，一个人谈话中用"我"的频率，和他的性格，以及他从小到大对人的看法都有很大的关系。

如果你的交谈对象在和你的谈话过程中，频繁地使用"我"，甚至每句话都用到"我"，那么这表示他是个主观意识很强，以自我为中心的人，他自信、有想法，凡事先考虑自己的利益。也许这和他从小到大的成长环境有关，如，他是家里的独子并由爷爷奶奶带大。和他交谈你会发现，他不断地使用"我感觉……""我发觉……""依我看……""可是我认为……"等句子。他这样做表明他急迫地想把自己的真实需要传达给你。面对这样的人，你要先解决他的利益问题，让他觉得你是懂他的、你是在认真倾听他的话，这样他会对你产生明显的好感。特别注意的是，当他说"上次我提过……"时，倘若你傻乎乎地说不记得了，他会立刻作出反应，他会觉得你一点都不尊重他，你所做的都是虚情假意。常说我的人，一般习惯别人以他为中心，他喜欢这种太阳般被环绕的感觉。

在社交场合中，"我"是个可以帮你判定交谈对象性格和情绪的字。一般来说，还有几个概念词在对话中出现的频率较高，如，"你""他""大家"，等等，现在，就让我们一起了解频繁使用这些常用词的谈话者的性格特点吧！

1. 常用"你"或"您"的人通常彬彬有礼

这样的人总能给大家留下公平、客观、自律的形象。他似乎很合群，属于社交能力很强的人。他往往彬彬有礼，但是和人交往通常会留有余地，保持一定的距离。如果你和他交谈，谈论公事，他会滔滔不绝，如果是私事，他会马上转移话题，对你架起壁垒，转为防守，他通常不喜欢透露过多自己的事情。

2. 常用"他"的人习惯旁敲侧击

如果你的交谈对象常常用"他"这个字眼，这表明他是个防卫心重的人。他个性谨慎，谈事情习惯旁敲侧击，试探你对事情真正的看法。他表面看来十分好接触，实际上很少与人交心，他通常会被专业的数据信息降服或被见多识广的人折服。

3. 常用"大家"的人往往默默无声

交谈中你会发现，有的人很少用到"我""你""他"三个字，他更习惯用"大家"来做每句话的开场，这样的人在人群中毫不起眼，往往是默默无声的那一个。他的性格里有很浓的自卑成分，他也期待被重视，希望你赞扬他的想法和说辞，可是他通常不知道如何表达。如果和他交谈你用称赞和肯定的语气，他一定会表现得十分欢喜，对你产生好感并很快和你成为朋友。

注意对方谈话中这些出现频率很高的词语，有助于我们更加了解对方的真实性格。

说"我只告诉你"其实是"很多人都知道了"

凡是会说"你千万不要告诉别人"、"别和别人说啊"、"我只告诉你一个人"的人，对其他的人也一定会这么说，所以很容易泄密。这样说的结果其实是"很多人都已经知道了"。说得更具体一些，就是因为他们特别喜欢宣扬一些自己所认为的秘密，会冲动地想把这些话告诉许多人，所以才会特别强调"别和别人说啊，我是看你嘴巴紧才说的"、"我只告诉你"等这些话。

类似这样的人若知道他人不知道的秘密，要其隐藏在心中往往并不容易，他们通常都有"去告诉别人"的冲动。其理由：第一，别人不知道这件事，就他知道这个"秘密"，能把自己知道的"独家秘密"向他人炫耀，这对他来说十分有心理快感。第二，因为他自己一人保守秘密，心理负担太重，通常也想借泄密的方法卸下心中的重担，或者有时故意创造一些不小心"吐露嘴"的意外。另外，也有人故意向特定人物泄密，来博取对方的欢心。

常说"我只告诉你"的人，都有着神经质心理的，他们明知不该泄露，却又忍不住告诉别人。若他们所泄密的事情，只关系到个人，顶多只会破坏与当事人之间的情感；但若是公司或企业人士，泄露了非常的秘密，就有可能破坏了工作中重要的人际关系，不仅事关自己，还会影响到整个单位组织。

一个想泄密的人，即使朋友、亲友、上司再三交代"这个事千万别透露出去"，也因意志薄弱而泄密，或者在他们喝酒之后，在饭桌上，这种秘密早已成为公开的秘密了。相反，如果是嘴巴比较紧的人，也是性格上、精神上比较成熟的人，在泄露重要事项前，他们会事先考虑泄露的后果和严重性，以及对他人带来的影响，同时，也考虑人际关系有可能会恶化，以及对组织的影响，经过深思熟虑后他们一般不会泄密。

此外，在上班族的生涯中，有时候泄露秘密的内容也许无关紧要，但个人的隐私和有些微妙的人际关系，办公室往往会形成是非之地。是否会泄密有时会成为考验一个人人格的方式。那些口口声声说"我只告诉你"的人，其实早已经把这件事散布出去了，这早已是人尽皆知的秘密了，你最好听过之后，一笑了之，彼此相安无事。

常说"所以说"的人，给点阳光就灿烂

我们经常遇到一些人，他们总喜欢把"所以说"挂在嘴边。他们觉得自己就像先知一样，在事情刚开始的时候就已经预见了事态发展的结果，十分有先见之明。当你告诉他们事情结果的时候，他

们通常会说："看看，完全按照我之前说的发展下来了，我就知道结果会是这样，所以说……"他们总喜欢强调自己对事情的发展了如指掌，仿佛你给他们点阳光，他们就会"灿烂了"似的。

这类人绝对不会说："是啊，您说得对，我也这么想。"他们总是说："事情果真是这样了，刚开始我不是和您说了吗？所以说……"初听起来他们简直就是"先知"，是如此的善于总结，但深究起来却并不是这么一回事。他们通常善于表现，总是有意无意地展现自己，你想不注意都难。在团队中，无论什么活动，他们都努力出尽风头，为了表现自己，他们不惜插科打诨，吸引别人的注意力。工作中，他们也极力引起领导的注意，即使是明明不是自己擅长的工作，他们也要插上一脚，如果偏巧被他们做出点成绩，他们会毫不客气地以功臣自居。可见，常说"所以说"的人最大的特点就是喜欢以聪明自居、自以为是、态度傲慢，他们总喜欢把功劳揽在自己身上，给点阳光就灿烂。

常把"所以说……"挂在嘴边的人，总觉得自己的话具有绝对的权威性，他们好大喜功，说话完全不顾虑对方的感受，总有一种咄咄逼人的感觉。如果你和他们交流，会因他们的这种态度而受到伤害。所以，他们很惹人讨厌，但自己却浑然不觉。这种性格有可能会受到领导的赏识，但常常阻碍了他与同事以及其他人之间的关系，因为他太爱表现，太爱出风头，所以可能常常抢了别人的风头，难免会引起其他人的妒忌和不满。一个团队里如果有一个人太喜欢表现自己，总觉得自己高人一等，未卜先知，那就相当于把自己与其他人的距离拉远。事实上他们并不觉得自己是个傲慢、令人厌恶的人，反而认为自己相当值得同情。因为他们得不到众人的认同和理解，周围的人都不愿意去倾听、了解他们的心声。

"木秀于林，风必摧之。"如果遇到这样态度傲慢，总拿别人的平庸衬托自己出色的人，想必，你一定对他极度不满。倘若是一个团队，即便他不会被排挤出去，那他也不会在团队中有好的人缘。

第二章
从说话习惯看交流之道

把"诚实"挂在嘴边，不如以行动证明

如果你去市场逛一圈，你的耳朵会被"我不骗你，这东西真不错""骗你我就……"灌满。事实是，你很可能相信了他的鼓吹，买回了一堆"用着可气，丢了可惜"的东西。西方流行这样一句谚语："当真理还在穿鞋的时候，谎言已跑出很远了。"要知道，当有些人觉得有利可图的时候，往往会选择将"诚实"挂在嘴边，当他们不停地念叨"不骗你"时，往往最不可信。

又到了发工资的时间，这次丈夫却只交给妻子一小部分，妻子问丈夫："这次工资这么少，钱都哪去了？"丈夫眨了眨眼说："最近公司效益特别不好，每个人都只领到一部分工资。"妻子说："不可能啊，上午我还碰到你们部门的王经理，没听他说你们公司效益不好啊？"丈夫红着脸，有些着急地说："你怎么不相信我？我什么时候骗过你？我是什么人你还不知道吗？"妻子没有相信丈夫的话，她佯装要给丈夫的领导打电话，丈夫无奈只好承认自己将工资都赌输了。

当一个人心里发虚想让你相信的时候，他会特别强调自己是"诚实"的，越是这样说，越体现了他内心的忐忑不安，底气不足。如果你在他表明自己是"诚实"的时候保持沉默，他会变得更加心虚，以为自己受到了怀疑。为了取信于你，他不停地提到"诚实"，和你赌咒发誓的，就像例子中的丈夫一样，他用了三个疑问句来表明自己是"诚实"的，殊不知，这些越描越黑的话正泄漏了他的不可信。对于心怀坦荡的人来说，他们作出了解释，心情就是轻松的，他不会再多说什么了。反之，如果总是唠唠叨叨地向你表明自己是诚实的，这样的人往往不可信。

仔细观察可以发现，总是把"诚实"挂在嘴边的人，经常说错话。他们的话经常前后矛盾，让你想不怀疑都难。其实我们每个人，都有在无意识中说出奇怪的话的经历。心理学家弗洛伊德认为，说错、听错，或者是写错等"错误行为"，都是将内心真正的愿望表现出来的行为。

一般情况下，说错话的一方都会找出自己是"不小心""不是真心的"等借口，他们会说："我不骗你，是真的，我那样说是不小心的！"但实际上，那不小心说错的话，其实才是他真正想说的。这在人们的日常生活中，可以说是屡见不鲜。如果你的交谈对象是个常常会说错话的人，我们可以推断他们是习惯性地隐藏"真正自己"的人，也是个表里不一的人。而且，他们心中总很强烈地禁止自己把真心话表露出来。

"这件事绝不能讲出来""这事绝不能弄错，非小心不可"，当他们越这么想的时候，便越容易将它说出来。相信很多人在日常生活中，也会遇到类似的情形吧！越是被禁止的东西，越去压抑它，就越容易流露出来。

总而言之，暗藏在交流对象心中的许多事情，当他们越想要去隐瞒它、掩盖它的时候，就越容易说错话或做错事，无意之间让心虚表露无遗。

"老调重弹"的话题，希望你继续追问下去

你一定有这样的经历：某一天你遇到一个不厌其烦、老调重弹的人，他的喋喋不休搞得你想插嘴都难，他沉浸在自己的世界里无法自拔。你有大吼"受不了了"的冲动，可是出于礼貌却不得不忍受……每个人都有喜欢的话题、爱讲的小故事或美好的回忆。除了年老健忘之外，经常老调重弹不顾忌他人感受的，一般是出于以下两个目的：他想避免谈话中断时的尴尬，所以用这些话搪塞过去；或是想确认你能收到他内心的信息，希望你能继续追问下去。

小丽是一个体重超重的女孩。在一次联谊会上，她一会和人大谈特谈自己18岁时苗条秀美的样子，一会又把那时的照片翻出来给大家看。看着大家都失去了兴趣才转向聊其他的话题，她又不止一次地提起自己5年前减肥成功的事迹。她说："我那时候真胖啊，比现在还胖呢，有二百多斤，后来吃了减肥药又拼命运动，还真瘦了……"她的唠叨渐渐引起大家的反感，联谊会的气氛顿时尴尬起来。

从例子可以看出，小丽这样多次重弹老调无非是想引起大家的注意，对她的话题追问下去。话题的不断重复和这些明显的自吹自

摆，表示小丽内心极度缺乏安全感，这可能是由于她体重超标引发的。她也很想被接纳，甚至不惜把话题引到女孩避讳的体重上。她利用这样的话题来确认大家接收到了她内心的一些讯息，她想让大家对她的话题发问："怎么变胖了？怎么减肥成功了？"这些问题在她心中已经有了预设的答案，她很期待大家发问，这也表明她的内心很孤独。家里年迈的老人也常常有这样的表现，他们"拉不断、扯不断"，絮絮叨叨地重复着同一话题。他们内心希望的是我们能像小时候听他们讲故事一样，在关键的时候表现极大的兴趣，追问他们："接下来呢？下面发生了什么？"

如果你遇到沉迷到某个话题无法自拔的人，不要试图打断他。从他的谈话内容中，你可以寻找到他内心的答案，究竟什么因素引起了他的焦虑、不安、困惑或者是欢喜和满足？不管原因为何，你要知道，他的思绪已经被一些事物完全占满，暂时无法容纳其他的事物。这些事情不会凭空消失，无法被忽略，这些看起来无关痛痒的事物，你的交流者却迫切地想让你知道，即使你明确地表示你已了解，也不一定会转移他的注意力。

开场白太长是缺乏自信的表现

为促进相互之间的人际关系，大部分人交谈前都会准备一段开场白。的确，和对方见面时，如果不先说点引言就直接切入重点，可能会令人对自己的意图产生误解，从而产生戒心而不容易沟通。所以在商业交谈中，开场白是不可少的。

一个人开场白过长，听者不容易抓到说话的重点，不过是浪费时间，徒增焦急。但不知为什么还是有人喜欢把开场白说得很长。

首先，可能是说话者对听者的一种体贴。假如对方是个敏感仔细、易受伤害的人，直接谈到问题的重点，可能会对对方造成冲击，所以说话的人就刻意拖长开场白，以顾及对方的反应。另一种人则考虑若开场白太过简短，可能会导致对方误会或不悦，因而留下不好的印象。基于这种不安，所以延长开场白。

由此可知，说话者无非是为了更详细地表达自己的意思，所以才有很长的开场白。

开场白太长也会令人不耐烦，但有些人却矫枉过正，在面对领导、前辈时，害怕自己过长的开场白会使对方产生反感而遭斥责，所以不断地顾及对方的态度，这就太反常了。

此外，有人应邀演讲时，也难免会把开场白拖得很长，这则是为缺乏自信所作的一种解释。

为什么有人要利用开场白为自己辩解？

通常说来都是为了隐藏自己的不安，于是，有些人就会借很长的开场白来为自己辩解，所以，这种人应该说是小心翼翼的人。

常发牢骚的人，往往苛求完美

倘若你想了解一个人的个性，最直接的方式莫过于让他自己说出个性究竟怎样。可惜的是，人有时也未必真正了解自己，但是你却可以从其谈话的习惯来判断他。每个人都有其特定的谈话习惯，有的人谈吐幽默，妙语连珠；有的人却颠三倒四，废话连篇；有的人牢骚满腹，抱怨不断，等等，总之，谈话习惯不同，反映出的性格也不同。

　　一天，某酒吧来了一位妆容精细的女士。只见她迈着优雅的步子，径直走到有落地窗的位置。这时，服务生走过来说："对不起，小姐，这个位置有人预订了！您看，是不是可以换到另外一个位置！""什么？你要我换位置？你是怎么做事的？我就是喜欢你家这个位置才来的，每次我都坐在这儿的，还有今天这桌布怎么换颜色了？花的位置摆放的也不对……你们经理呢？给我叫来！"经理被叫来了，这位优雅的女士一直不断地对他发牢骚，足有半个多小时。经理不住地道歉，按照女士的意思更换了桌布，重新摆放了鲜花的位置。

　　从例子可以看出，这位优雅的女士十分苛求完美，小到桌布、鲜花、一个就餐的位置都要斤斤计较，牢骚不断。并且她在说话的时候，完全不顾及他人的感受，这充分体现了她比较苛刻，缺乏宽容别人的气度。事实也是如此，如果交流对象总是不停地对你抱怨，发牢骚的时间大于谈正事的时间，你就要小心了。因为你遇到的人十分追求完美，你如果和他们共事，他们对你的要求将会相当严格的，简直可以用苛刻来形容。但是对自己，他们却相当放松。"高标准，严要求。"这是他们给你提出的。你想让他们用在自己身上？想让他们设身处地地为你想想？还是别做梦了。如果有一天他们想改变自己的处境，也只是随便想想。他们更习惯安于现状，坐享其成，而不付诸于实际行动。一遇到挫折和困难，就逃避退缩，把原因都归结到外界的因素上。

　　有人曾说："人有两种表情，一种是脸上所显现的表情，另一种是从说话习惯传递给对方的信息。"所以语言是人类的第二种表情，我们是可以从一个人说话的习惯上看出一个人的性格的。生活中，你还可以看到另外一种人，他们说话拖泥带水、废话连篇。但和爱发牢骚的人不同，他们不敢大声地表达自己的不满，他们大多比较软弱，责任心不强，遇事易推脱逃避，胆子比较小，心胸也不够开阔，唠唠叨叨，整天在一些鸡毛蒜皮的小事上纠缠不清。虽然对现实的状况有许多不满，但缺乏开拓进取精神，并不会寻求改变，只是在等待，容易嫉妒他人。

所以，人类的语言不光能把想表达的意思传达给对方，透过不同人的说话习惯，我们还可以分析出他们的性格特点，可以说，每个人的语言习惯都是在日常生活当中不知不觉形成的，它是带着性格印记的。

背后说三道四的人，多刻薄挑剔

生活中，有一些人总喜欢在人背后嘀嘀咕咕，说三道四，还自作聪明地认为当事人不知道。心理学家经过调查研究发现，这些人其实为人大多刻薄挑剔。

王梅和李小玲是同事，在一个办公室工作。俩人关系不错。一天她们一起去打印材料。李小玲对王梅说："小梅，你知道吗？小张被辞退了。""你说清楚，哪个小张？"王梅睁大眼睛问。"就是公关部的张小雨呀。"王梅感觉十分意外，就问："她为什么被辞退了，不是一直表现不错嘛！"李小玲说："你还不知道呢，她啊，要学历没学历，要本事没本事。我听人说她是走后门进来的，仗着自己年轻、又有几分姿色，还不是被辞退，所以说女人啊，就得要点脸，多学点东西……"说到这里，她诡秘地一笑。李小玲自以为很聪明，殊不知，被辞退的同事正是王梅家的亲戚，当时的后门正是"王梅"。不用说，王梅的脸早被气得变了色。

从例子可以看出，那些背后议人是非者，都有其共同的特性：妒忌心强、刻薄挑剔。他们对于那些比自己能力强的人恨得牙根都痒痒。于是，就想方设法散布小道消息，搞臭别人的名声，并以来表现自己有多伟大似的。

常在人后说三道四的人，一般没有什么好人缘。有时候虽然他们也很想改变对自己不利的处境，但却懒于学习与人相处之道，他们也不相信"言多必失，祸从口出"的古训。相反，为了换取"谈资"，他们往往还成了"包打听"。平日里，他们最喜欢打听别人的秘密，从心理学的角度看，一个人知道了他人的秘密，要想长期隐藏在自己的心中是一件很难的事情，一般都有"知道了别人的一些秘密，要去好好炫耀"的冲动，进而就会把它当做好的"谈资"加以夸张、散布了。

有位哲人曾经说过："距离产生美。"在人际交往中，保持适度的距离既是礼貌的象征，又是美感产生的前提。这种距离既包含个人心灵空间的距离，又包括与人交往尺度分寸。过多地打听别人内心的秘密，过多地在人后说三道四的人，往往都是品行不佳的人。

从不说别人坏话的人，不一定都善良

在生活中，你一定见过这样的人，你得势时，他追在屁股后面恭维你，仿佛愿意为你赴汤蹈火。但同时他也在暗中算计你，打压你，积累着一切对你不利的信息，作为有朝一日陷害你、取代你的制胜法宝。这样的人在平日里往往绝口不说别人的坏话，从不批评别人或在人前搬弄是非。

从不说别人坏话的人，有的确实是因为善良、宽容，看不到别人的缺点或者不好的一面，这样的人通常是名副其实的好人。不说别人坏话与是非的人，因为口风很紧，似乎很值得信赖，但是并不是所有不说别人坏话的人，都是好人。事实证明，从不说别人坏话的人，往往都不可信，他们并非看不到别人不好的一面，而只是为一时之便不说出口而已。

贾充是魏晋时期司马氏家族的心腹，司马炎称帝以后，对他分外宠爱，封他高官。贾充则对上谄媚邀功，对下拉帮结派，打压异己，朝廷内的正直人士对他无不深恶痛绝。

侍中任恺是治国之才，秉性贞良，也深为司马炎所赏识和器重。任恺对贾充十分厌恶，这使贾充内心十分不安，贾充总担心任恺会在皇帝面前揭露自己的真面目。于是，他就研究怎么将任恺从皇帝身边调走，当然不能说坏话，不但不说坏话，还要说好话。终于他想到了一个两全其美的办法：推荐任恺去给太子当老师。按照封建朝廷的制度，太子的老师不能过问朝政，只能陪太子读书，而太子是个白痴，给他当老师肯定是受累不讨好。于是，贾充向司马炎极力夸赞任恺如何忠贞正直，如何有才学，是给太子当老师的最好人选。司马炎接受了这个提议，但依旧保留他所任的侍中一职。贾充枉费心机，十分懊恼。

对于贾充的"好心"，任恺自然心知肚明，他决定"以其人之道还治其人之身"，好好回敬一下贾充的"好心"。恰巧此时西北少数民族袭扰边境，司马炎十分着急，决定派人前去平定，任恺说："这是一件重大的任务，应当派一名德高望重、足智多谋的朝廷重臣前去。"

司马炎问："卿看谁可担当此任？"任恺说："贾充！"司马炎同意了。贾充自然是不愿意离开朝廷。就在赴任之前，赶紧商量对策，最后终于决定：贾充同皇帝联姻，将他的那个貌丑而性妒的女儿贾南风许配给白痴太子司马衷。

贾充、任恺俩人最终还是留在了皇帝身边，但贾充不肯罢手、故技重施。又一次在司马炎面前称赞任恺人品好、才学高，为朝廷选拔官吏之事非他莫属。这一回司马炎觉得贾充说得在理，便任命任恺为吏部尚书。毫无疑问，任恺接近皇帝的机会大大减少了。于是，贾充便成天在司马炎身边诽谤，伺机造谣诬陷，终于使任恺丢了官。

从例子可见，不说别人坏话的人并不见得就是好人。有些人在和竞争对手斗智斗勇时，不会开口说对方一句坏话，当面不说背后也不说，不止不说坏话，反而还尽可能说好话，在上司面前替对手说好话。这样一来，即使对手失败了也想不到是他使得坏。一般来说，总是违心说别人好话的人，城府很深，他们懂得放长线、钓大鱼，所以，面对只会赞美而不批评别人的人，适度地心存怀疑或许比较好。像这样的人，往往一回到家里，便会对着老婆诉说着朋友或者认识的人的不是。

面对这样的人，不要急着将自己的心里话和盘托出。暂时以"好心"应对"好心"，以和缓的方式与他相处，等观察状况之后再做打算，才是上上策。

善于用幽默化解僵局的人，心胸宽广

　　"二战"期间，艾森豪威尔前去视察一支陷入困境的部队。当时，他还是欧洲战场的盟军总司令。对于他的到来，美国士兵以热烈掌声表示了欢迎。他讲完话走下台时，一不小心摔倒在稀泥里，沾了满身的泥巴，士兵们见状，你看看我，我看看你，一言未发，这时，艾森豪威尔站起身后竟幽默地说："泥浆告诉我，我对你们的巡视是成功的！"士兵们哄然大笑。

　　从例子可以看出，掉进稀泥里的僵局是无法预料的，但艾森豪威尔却用幽默瞬间打破了僵局，缓解了尴尬。通过他的幽默语言，我们可以看到了他的聪明机智，以及处变不惊的大将风范。他们随机应变能力强、反应快。因自己出色的表现，很可能会成为受人关注的对象，这正好迎合了他们的心理，他们希望得到他人的注意与认可。豁达是这类人蕴涵的另一种重要品质。这类人凡事乐观，即使身陷绝境也会看到希望，而不是整天悲悲戚戚、愁眉苦脸。他们的宝贵经验是"天塌下来个高的顶着，大不了就怎样怎样"，而不是自怨自艾、斤斤计较。平日里他们喜欢多想想自己的缺点和无能，经常自我嘲笑，而不是"我是最棒的，想怎么样就怎么样"，盲目逞能好胜。

　　可见，幽默是一种机智的表现，它不仅需要丰富的知识，还要拥有宽广的心胸，善于体谅他人。要知道，尴尬和僵局在我们的工作和生活中是无处不在的，如情侣约会的时候、应聘面试的时候、主持会议的时候、和陌生人同乘电梯的时候……许多意想不到的事件，人们常常会陷入尴尬和僵局。这种时候，有些人会表现得十分失态，尴尬万分；有些人却能轻松化解、幽默面对，用机智来打破僵局，让人松一口气。这些善用幽默打破僵局的人，大多数反应能力比较强，如果感觉到某种不和谐的气氛，他们往往会选择用合适的话语来打破僵局。这不仅能使当时的气氛得到缓和，一般还会使尴尬或气恼的双方都有台阶可下。一般来说，他们观察事物的能力强，心胸开阔，不拘泥于小节，而且具备机智、敏捷的判断力。

因此，幽默一直被人们奉为只有聪明人才能驾驭的语言艺术，而幽默的最高境界又被称为"自嘲"。能自嘲的人才是智者中的智者、高手中的高手。自嘲是缺乏自信者、心胸狭隘的人不敢使用的技术。因为它是要自己嘲笑自己，要拿自身的失误、不足、生理缺陷来"开涮"，往往不能回避自己不美好的地方，相反还要对它进行夸大，让更多人来观看和了解。因此可以说，善于自嘲式幽默的人，首先应具有一定的勇气，敢于进行自我嘲讽。这不是所有人都能做到的。他们要心胸宽阔，能听进他人的意见和建议，并且能够经常自省，喜欢做自我批评，寻找自身的错误，并加以改正。

总而言之，一个人没有豁达、乐观、积极的心态和胸怀，是无法用幽默化解僵局，更无法通过自嘲的方式来达到自圆其说，博众一笑的效果的。

评价事物"一会儿这样、一会儿那样"的人，不可信赖

生活中，我们常常可以遇到这样的人，他们对于人或者事物的评价，经常变换，"一会儿这样、一会儿那样"不可以信赖。

"我告诉你啊，王小姐人真的很不错啊，虽然和她只见过几次面，但觉得很有话题呢。她真是个很好的人呢。我想追求她呢，中午吃饭的时候我和她坐在一起，到时候你来找我就看到了。"听同事张松明这么强力推荐，晓梅中午特意到食堂找到了张松明，并见到了他口中的大好人王小姐。晓梅当时的印象并不觉得王小姐有什么特别，她看起来只不过是十分腼腆的人，并不十分爱说话。过了几个月，晓梅问张松明："你和王小姐还经常联系吗？最近和她的关系有进展没？"得到的回答却是："得了，甭提了，那个王小姐啊，只是表面文文静静的。其实啊，那个人，我是没办法和她交朋友，她的个性十分古怪，干工作偷奸耍滑，现在已经很久没和她碰面了。"

像张松明这类型的人，对于仅见过几次面、闲聊过几句的人，便会很轻易地作出评价，给人很好的评价。也就是说，他习惯只作表面的判断，对于其他人的评价也会照单全收而不去作理性的分析，并且还喜欢轻易地将这样的结论传达给别人。这种类型的人在生活中其实还相当多，如你的同事每天都在和你抱怨工作有多么乏味，多么累心，还不如早日辞职的好。当你辞了职真的不干了之后，下次见面她却说："你咋不干了啊？公司待遇也不错啊，什么节假日都照休，年底还有奖金。"这时，你的额头不出汗珠子才怪呢。所以说，那些一会说不干了，要辞职，一会又说辞职了也找不到好工作的人，最好离他们远点，这样的人最不可信。

生活中，还有一些道德品质不高的推销员也惯用这样的手段，"上次我推荐的那个东西，你咋买了呢？那天那么多人我没好意思说，那款排油烟机效果并不好啊！""你是我的老客户，咱俩这么熟悉，我告诉你一个比那个更好用的排油烟机好了。"他在骗了你一次之后，又开始厚着脸皮，推荐另一款了，对于自己推荐了不好的东西给别人，竟然没有丝毫的愧疚感。

像这样的人通常最不值得信赖。这样的人一般有两种类型：一种是单纯的老好人，很容易相信自己的第一直觉，也容易相信第三者对于人、事、物的评价；另一种人是有所企图或怀抱着复杂的想法，往往夸大其辞地说"她这个人不错""这个东西真的很好用"的类型。

不论是哪一种类型，如果你的身边有这样的人，当他向你推荐什么时，不要一下子就全部接受，而是要多花一些时间进行观察、分析后再作判断，这样比较保险，也可免去日后的麻烦。

第三章
不同的借口，不同的性格

以"本来是想"为借口的人自尊心很强

你听到门铃响，打开家里的大门，发现朋友两手空空地站在门外。他红着脸说："本来是想买点水果的，可是超市的水果都卖完了。"听到这，你会安慰道："都是朋友，别那么见外。"说这话时你一定憋着笑，心想，这人真有意思，三天两头来还这么好面子。其实，你的想法很正确，经常以"本来是想"为借口的人往往有很强的自尊心。

在公司里，我们也常常听到类似的话，例如领导说："已经晚了两天了，再不交可要扣工资了。"这时，你听到同事小声地说："对不起啊，领导。我本来是想今天交的。"说这话的人虽然承认了自己的过错，但是却没有承担责任的意思，这也和前文提到的"内罚型"有着明显的区别。习惯以"本来是想"为借口的人多半自尊心很强，当领导批评进程慢的时候，他虽然心里知道错了，但他不会坦白"自己没做好"，他心里觉得"只是慢了一点而已，我不是没能力"。

如果领导在看完他写的报告后指出："这里，还有这里都需要修改，按照公司的新条例修改后再拿给我。"面对领导的指正，他即使心里认可，嘴上还会小声地嘟囔着："我本来是想那么写的。"可见，这类人不喜欢别人对自己的工作多加评论，他也不会认真听取别人甚至领导的意见，有时候被逼紧了，他在心里还把责任归咎于别人身上。他有很强的自尊，即使明知道是自己能力的问题，他也会先找客观理由为自己开脱。但是在面对领导的时候，这种人还是没有足够的勇气反驳，他会小声嘀咕，会在心里说："本来我是想那么做的，还不是因为王姐说那么做不可以？"

每个人都是在被他人指正和反省的循环中成长的。常以"本来是想"为借口的人往往自尊心很强，他们在面对批评建议的时候，习惯选择逃避。这样的人内心不够强大，总觉得别人是在苛求他们。如果领导对他们一下子提出很多批评和改正建议，他们一般在心理上很难接受。如果领导逐步地提出改进的要求，情况会有所改观。由于他们自尊心比较强，一般在他们接受了第一个要求后，面对第二个要求，他们一般不太好意思拒绝。

与此类似的还有一种人，他们常常以"平常应该……样"为借口，如果领导批评下属晚交了工作报表，这类人通常会说："晚交两天很正常，平常得晚半个月呢！"生活中，这样的人也随处可见，如有的酒鬼被人批评过度饮酒不好，他会说："我喝这些很正常，平常比这喝得还多呢！"他们通常很自大，总是标榜符合自己的常识，并以此麻痹别人。

常说"不打算找借口"的人不会老实道歉

"都是我不好，真对不起，你不要生气了！"大街上，一个男人正一脸内疚地给女友道歉。女人看到男友这么诚恳地认错，她不住地说："行了，行了，我知道了，别内疚了。"由此看来，诚恳地致歉，不找任何借口是很容易让人接受的。

可是，如果换成另外一种道歉方式，听的人的感受会截然不同。"我不打算找借口……真对不起啊……"虽然说话人也道了歉，并且表明自己没有打算找借口，但是听的人还是会觉得说话人没有道歉的诚意。道歉人的潜台词分明是："这也不能都怪我，我这样做是有原因的，我有话想说。可是，一旦说出来又显得我不够诚恳、不够老实。算了，我还是不说了。"如果朋友在和你道歉的时候一再强调"我不打算找借口""本来我也没有打算找借口"，相信你一定很生气，你会忍不住地对他咆哮："什么叫没有这个打算？你有什么想法就直说，不要兜圈子！"实际上，把"不打算找借口"挂嘴边的人往往不会老实道歉。明明知道道个歉、认个错就没事了，他非要多说一两句，结果总是事与愿违。

还有一类人在犯错时会如此辩解："真对不起，可是我是为你着想才这样做的啊！"这也是不会老老实实道歉的人，明明知道错了，却把责任引到对方的身上，他们希望自己得到对方的感谢，借此得到对方的谅解。他们心里的潜台词是："要不是替你考虑，我也不会这么做，所以我犯错了你也要负一半的责任，你更是不能责怪我。"会这样说的人犯错了不会老实地道歉，这样的人性格懦弱。平日里，他们也总是牢骚满腹、怨天怨地。

"果然躲不过你的眼睛，我当时就想呢，我要是这么做了，保不准你就不能满意，好了，你说哪不对，我一定改到你满意为止！"如果犯了错的朋友这么和你说话，相信即使你窝了一肚子火，也一定会被他的油腔滑调给逗笑了，自然不再生气。你的朋友属于靠说好话来道歉，获得原谅的一类人。表面看他承认了错误，实际上他只想稳住你，他十分聪明，懂得揣摩你的心理，说话办事都懂得投你所好，他知道说好话可以平息你的怒火，于是卖力地迎合你。他不是性格刚正之辈，却十分擅长做表面功夫。

"吃不到葡萄说葡萄酸"不过是自我安慰

《伊索寓言》里有这样一个故事：一只狐狸看到成熟的葡萄垂涎三尺，可是它想尽办法都够不到葡萄。它渐渐失去耐心，有点气急败坏，失望之余说："那些葡萄想必是酸的。"于是飞奔离去。

这就是"吃不到葡萄说葡萄酸"的由来，故事里讲的现象在心理学上被称为"合理化"。所谓"合理化"是指想做的事情没能如愿以偿，为了弥补欲求不满，人会用对自己有利的理由来自我安慰。没能吃到葡萄很惆怅，于是便用"看样子葡萄就是酸的"来安慰自己。

大林很喜欢小月，为了追求小月，他每天打水送饭，隔三差五地送一束玫瑰花，可无论他怎么用尽方法就是打动不了小月的心。他只好放弃了追求小月，他想："小月还不是正式员工，薪水也不高，家还是外地的，以后就算在一起了负担也很重。"同事看到大林不再对小月献殷勤，就问："是不是被美女踢了啊？最近怎么不送小月花了？"大林说："小月太任性了，就算追到手以后相处也不能长久！"

其实，不止是大林，无论是谁得不到想要的东西时都会有意无意地找对自己有利的理由宽慰自己。例如：参加朋友的婚礼，在我们忙于祝贺的同时，总会听到有些人在下面议论一下新郎新娘是否般配，属不属于郎才女貌之列，也总是能听到一些人在唧唧喳喳地说："好汉无好妻，懒汉娶花枝。"新郎如果是帅小伙，新娘子是美女之类的，人们称为郎才女貌；新郎很帅，而新娘子一般，便是好汉无好妻了；新郎如果不帅，新娘很漂亮，就要划为懒汉娶花枝之列了。听起来似乎有点道理，但细品却找不出真正能立足的根据来。像好汉无好妻之说，听起来就觉得有些别扭，有些人自认为长得帅、油头粉面的就是好汉了，他们总觉得："别人怎么找了那么漂亮的女友，我这么帅这么优秀怎么遇不到这样的好事呢？"他们总是在感慨："现在没有好女人了，这么漂亮的女孩还不是看重了钱，我要是像某某那么有钱，肯定能找一堆比他老婆还漂亮的女孩。"这样的想法，无非是"吃不到葡萄说葡萄酸"的心理在作怪。他们很自负，从不认为自己没找到漂亮女友是因为自己长得不够帅或是能力不够，而总觉得"漂亮女人都不好，都看重钱"。这样酸溜溜的想法使他们暂时得到了安慰，使他们能够放下这件事，然后迈出下一步。

工作中，我们也常常遇到这样自我安慰的人，比如，和一个公司洽谈了很久也没能签订单，这时，有人就会说："那个公司规模很小，其实不签订单未尝不是一件好事。"某人谈了一个项目许久未果，也许他会说："那个公司的老板以前从事过不正当的生意，人品有些问题，这个项目没谈成我看没准还是好事呢！"

总之，生活中拥有这样酸葡萄心理的人不在少数，我吃不到你，我也绝对不会告诉别人你是甜的。通常这样想的人很自负，他们认为自己的骄傲不容许别人轻视，说"葡萄酸"无非是为了安慰自己，找回点自尊。

以"能去就去"为借口的人往往缺乏责任心

公司里的同事打算聚餐或者多年不见的老同学要举办聚会时，总会出现一两个不和谐的答复："可以去就去，看看有没有时间吧！"这般模棱两可的回答，让你听了无比愤慨，真想把臭鸡蛋丢到他们的头上。

如果仅仅是一次还好，但如果一个人总说这样的话，那么这个人就不值得信赖了，他往往缺乏责任心。更有甚者，刚开始提议聚会的人最终大家都到齐了，他却没来。这样的人不但薄情，缺乏责任感，而且他根本没拿聚会当回事。他往往是说完就忘记的人，做事完全凭一时兴起，不考虑别人的感受。

小王和大林是中学时期的同班同学，毕业10年后的一天，小王打电话给大林。当时，小王在北京，大林在深圳工作。多年不见，他们觉得彼此有太多太多的话要说了，于是小王突然提议道："对了，太久没有举办同学聚会了，我很想见见你，再和大家好好聊一聊。"大林对这个提议赞不绝口："是啊，好久没见了呢。"小王便说："那么就来张罗这事吧，由我来办，我马上联络小张他们几个，他们就在中关村附近工作，对同学们的联络方式也很清楚，也有时间。我会和他们一起准备。"之后过了两个月，就在大林几乎忘了这回事儿的时候，同学会的邀请函来了。虽然大林最近公司特别忙，但因为前一阵子和小王谈论过此事，于是决定抽时间参加了。当大林坐飞机风尘仆仆地到了北京，赶到同学会的会场，却不见小王的身影。找到了来聚会的老同学后，问他们怎么没有看到小王，却听他们说："因为小王提议，所以大家都决定好好聚一聚，但是上星期小王却发邮件说，最近公司比较忙，所以不一定能到场，能来他一定来，不来也让大家要玩好。""可不嘛，刚才我还给小王打电话了，他说，能来他尽量赶过来，这不，到现在还不见人影儿呢！"

从例子可以看出，像这样提出要办同学会或者朋友聚会的人最后却说"能来尽量来"的例子，还是相当多的。一般这是没有责任感、做事轻率，只凭一时冲动办事的人，这样的人往往不可信。如果你对他的话深信不疑，就会被他耍得团团转了。即使你相信他了，也要事先讲好条件，比如"你可要负责到底，不要半路找不到人啊"，让他负起责任，这样就会好多了。生活中，遇到表示聚会"能去就去"的人，最令人伤脑筋。如果遇到订餐需要确认人数，这样模棱两可的人你给他订也不是，不订也不是，确实让人懊恼。

一个成熟的社会人，是不会给你"能去尽量去"这样的回答的。倘若总是以"能去就去"作为借口的人，一般是比较薄情的人或者是不想花钱的人。比方说同学聚会，有的人是大老远乘飞机紧赶慢赶的参加，相比之下，那些很不在乎地以"能去就去"这类方式回答的人，就显得薄情又不负责任了。通常他不会在乎其他的人的感受，心中就是有要不要参加都无所谓的想法。那些不想花钱的人，也会以这样的方式回答。

遇到这样常说"能去就去"的人，一定要事先请他清楚地回答要参加还是不参加，否则最后他一定会放大家鸽子，也可以以会费制的方式将他列入人数当中，就算缺席了，还是要向他收取费用。这样一来，下次再有聚会，他应该就会认真回答了。要知道这类人薄情而小气，又没有责任感。他一旦知道即使不来也要被收费，一定会积极响应号召，早早入席的。

第四章
谈话时的模样不容忽视

五种小动作代表他想尽快结束谈话

假如你是小学老师一定深有体会，在快下课的时候，班上的那些"小麻雀"早就没了耐心，他们往往一边听着你喊着："不许做小动作，好好听讲！"一边自顾自地把玩橡皮、摸摸铅笔。他们在心里默念着倒计时，翘首期盼下课铃声响起……做这些小动作，他们只是想尽快结束一堂课，不再听你的长篇大论。生活中也是如此，有时候对方明明觉得你的谈话毫无趣味，太啰唆，和你谈话不会有任何结果，但是出于礼貌，他们一般不会指着你的鼻子叫你闭嘴，他们会用一些明显的暗示性的动作来提醒你：尽快结束谈话，赶快拿包走人吧。

小动作之一：单手撑住整个侧脸

你的长篇大论使他睡意来袭，他为了避免被你识破只好用单手撑住侧脸，告诉自己："不要睡，不要睡，再坚持一会儿，快结束了。"有时候他甚至想用手指撑开眼皮，他这是在明示："我都听困了，我真想结束这场谈话啊！"如果这个时候，你还不管不顾，相信他一定在心里骂你"没长眼睛"。

小动作之二：眼睛不时向门口张望

一个人的视线总是会追随着自己感兴趣的东西。如果你没站在门口和他交谈，门口也没有人在进进出出，而他却总是不停地向门口张望，这表明你已经把他逼到想夺门而逃的地步了，他们想尽快结束谈话，远离你的噪音污染。

小动作之三：用手抓耳朵、拨拉耳朵

俗话说"非礼勿听"，就是想防止不好的事情被传进耳朵的意思。小孩子不想听父母唠叨的时候，也会用手拨拉耳朵、抓耳朵或者干脆用手掩住耳朵。和用手抓耳朵用意类似的动作还有摩擦耳背、掏耳朵，等等。在这里，如果谈话对象对你做出了这样的动作，表示他已经听够了、不想再听，他想尽快结束谈话。

小动作之四：喝水、吃东西

他们会通过喝水、吃东西等动作来干扰你讲话，他们会把东西咬得嘎巴嘎巴响，喝水也会喝得呼噜呼噜的。这样做表明他们已经对你的长篇大论忍无可忍了，你再不结束话题，他们都有朝你丢杯子的冲动了。

小动作之五：晃动双脚，双手往后撑

如果他晃动双脚或是轻轻敲打双脚，这表明他已经不耐烦了或厌倦了。晃动双脚，双手往后撑是他已经感到累了的象征，他这是在做逃跑的动作，这个姿态的意思是："你说得不累吗？我听得都快累死了。赶快结束你的废话吧！我不想和你待在这儿了。"

在你了解了这些小动作所暗示的信息后，当你面对某人，无论你的谈话欲望有多强烈，如果你看到他一面在听你说话，一面做着这些小动作，你就可以判定他还有其他事，心已不在你这里，快把他放走吧！

说话间隔时间长的人，喜欢作逻辑分析

某公司下午紧急召开会议，公司负责人中午却喝多了，他摇摇晃晃地掏出秘书午饭期间赶出的发言稿，大声地朗读起来。读到一段话的末尾，领导字正腔圆地说："括号，此处有停顿，鼓掌……"大家在愣了片刻之后，哄堂大笑。当然，这仅仅是一则笑话，但是这也反映出说话语句间隔和缓急变化的重要性。

平均来看，人类一分钟可以说 150 个字到 200 个字，每句话之间的间隔时间大概在一秒到两秒。每个人的说话习惯不同，有的人说话简直像连珠炮，一刻也不停歇，让你听了都感觉累。而有的人说话速度正常，但句与句之间间隔时间特别长，有时听得你都快睡着了。别以为他是慢性子，有这样的表现恰恰表明你的谈话对象是个喜欢深思熟虑的人，他所说的每一句往往都经过反复思考的。他平时给人的印象是冷静、有条理、做事理智。当然，他也会习惯性地怀疑别人。如果你和他交谈，辅以书面材料或研究数据比你夸夸其谈要有效得多，别以为你们交情很深，他就会感情用事。其实，他这人最重事实，喜欢作逻辑分析。

可见，从一个人说话间隔的时间和说话速度，可以分析出他的个性和心理。现在，就让我们一起来看看其他的语言习惯吧！

1. 说话没有停顿点的人，喜欢吸引你的注意

他有时自信，有时自大。他主观意识很强，说起来话总是滔滔

不绝，几乎没有停顿点。想让他听进去你说的话，还真不是件容易的事，他更喜欢你能专注于他的谈话。如果你试图打断他，他会明显不高兴。他喜欢吸引你的注意，如果你对他的谈话表现出浓厚的兴趣，他会变得很友好。

2. 说话缓慢平稳的人，喜欢和你分享生活经验

听他说话，你会感叹："他说话简直就像电视科普节目的旁白啊！"是的，这就是他说话的频率特点。他表现得很成熟、理性、随和。他总喜欢和你分享一些生活的经验。你和他沟通不会感到有压力，他总是从客观的角度看待事物，并且对你表现得十分友好。

3. 说话速度由慢转快的人，是为了掩饰内心

如果你的谈话对象说话速度忽然由慢转快了，这表明他非常紧张或着急。他想掩饰住自己内心的真正想法，想以较快的语言速度来干扰你的判断。当然，如果他谈到的话题正好是他比较感兴趣的，一般也会出现语速忽然间加快的现象，这就需要依具体的语境来判断了。

4. 说话速度由快转慢的人，对你有所怀疑

如果你的谈话对象说话速度忽然由快转慢了，你要好好考虑你的谈话重点了。一般他们出现这样的反应表明他已经开始对你有所怀疑了，甚至对你有隐隐的敌意。通过放慢语速，他是想强调自己内心的想法和观点，也想告诉你他有不同的意见。如果此时你不能掌握他释放给你的讯息，他的敌对心态和怀疑将会进一步加深。

从坐椅子的方式，看对方是否用心听你说话

小汪和小李是下任总经理的候选人，俩人要合作完成一项公司

项目。他们在办公室里商量。小王把椅背朝前，骑跨在椅子上，双手交叠俯在椅背上。小李坐在一旁的凳子上，一会儿他站起来，用一种俯视的视角望着小王。俩人都无法定下心来听对方说话，最后谈话不欢而散。

从这个例子可以看到，小汪和小李既是合作者，又是竞争者。这样的微妙关系也体现在了俩人坐椅子的方式上。小汪摆出了一个骑跨椅子的造型，这个姿势显然让小李感到了无形的压力，于是他选择从椅子上站起来。透过这些细节我们可以看出，两个人一心想在气势上压倒对方，根本无心听对方具体在说些什么。

坐椅子的方式分为浅坐椅子前沿、深深地坐在椅子里，等等。我们可以通过观察谈话对象坐椅子的不同方式，来判断他是否在用心听你说话。

1. 骑跨椅子

"骑跨"是比较另类的坐椅子方式，生活中，这样的姿势不是很常见。如果你的谈话对象在听你说话时采取了这样极端的姿势，这表明他对你有很深的抵触情绪，甚至带着进攻的意味。一般这样的姿势在男性中比较常见，这是因为骑跨在椅子上时，两腿能够大角度地分开，可以非常彻底的展示胯部，显现出动作者的雄性特征。这样的人通常都属于支配欲望很强的人，他倾向于控制谈话，并习惯以自己的观点影响他人。所以，当发现你的谈话没有按照他的预想进行时，他就对此次谈话产生了厌烦的情绪。这个时候他意识中的控制欲望就会支配着他使用一些身体语言来传达影响力，他可以很自然地从正常坐姿转换到骑跨椅子的坐姿，如果此时你十分专注于自己的"演说"，你甚至都发现不了这一点。其实，他早就无法用心听你谈话了。

2. 浅坐椅子前沿

你的谈话对象只坐在了椅子的前沿，其实这表明他心里缺乏安定感。他心里的想法是"赶快把话说完吧，我真想马上离开这里"。表面上他好像在认真地听你说话，但是否真的听进去却值得怀疑。由于他坐得浅，上半身是探向你那里的，这表示他想以自己的想法来说服你，他还真没有办法使自己安下心来好好听你讲话。

3. 深坐椅子上

深深地舒服地坐满整个椅子面的人，心中的想法是"多花点时间慢慢和你聊一聊"，他是个信心十足、坚毅果断的人，他认为比起说服你，和你深入地沟通更重要。但是你和他交流之后会发现，他的独占欲很强，有时候不由自主地就想干涉你。大部分时候，他能用心听你说话，但是你要给他足够的时间谈自己的想法，他喜欢按照自己喜欢的步调生活。

接受表扬的态度，反映一个人的品性

有的人在受到表扬的时候面红耳赤，显得很腼腆。他们温顺敏感、感情脆弱，别人的批评很容易让他们受到伤害，更经受不住意外的打击；富有同情心，关注他人的感受，不会用言语或行动主动攻击他人。

听到赞扬的话，有的人会用一副非常惊喜的样子来表达自己的喜悦。他们憨厚淳朴，不喜欢与别人产生矛盾，经常以损失自己的利益来换得安宁；喜欢参加群体活动，交往过程中的大度和慷慨让他们与别人建立起良好的人际关系，他们与他人能够相处得非常融洽。

有的人听到表扬，仿佛听到风声一样无动于衷。他们在工作中兢兢业业，不喜欢因为受到别人的注意而浪费时间和精力。他们对待身边的事情保持一种顺其自然的态度，不喜欢争强好胜；奉献是对他们的高度评价，他们宁愿独处一室进行研究和创造，也不愿加入烦乱的集体生活当中。

听到别人的表扬，有的人立刻会用相应的表扬话语回敬，让对方有被回报的感受。他们有自己的个性，不喜欢依附他人，对自己和生活充满了自信；在人际交往过程中，最讲究平等互利，和他们交往可以毫无后顾之忧，既不必担心吃亏，也不会产生占他们便宜的觊觎念头。

有的人经常用诙谐的话语回敬别人的表扬，有时否定对自己的表扬。他们不喜欢集体活动，不愿受到他人的干扰，将众多的精力和时间用于维护自己的独立空间；幽默含蓄，但又略显放荡不羁，其实这是他们故意封闭自己的一种手段，他们通常不会和别人建立起深厚的情谊。

有的人在接受表扬时较为公平，会在接受别人表扬的时候用适当的好话称颂对方。他们心地单纯，好助人为乐，经常设身处地为他人着想，能够对别人的优点给予肯定，别人非常愿意和他们相处；慷慨大方，能够给予朋友及时有效的援助，和他们共渡难关。

有的人对别人的表扬一点都不关注，他们根本没有心情为表扬浪费过多的时间，所以总是找其他的话语来改变话题。他们反应灵活、机智聪明而且才华横溢，富有眼光，既现实、又干练。自信和狂放不羁是他们最明显的性格特征，他们对名利不过度追求，有成就丰功伟绩的可能。

　　对于表扬自己的人，有的人能恰到好处地表达出由衷的感谢，给对方彬彬有礼的感觉。他们稳重踏实，注重实际，讲究实效，富有进取心，善于韬光养晦，经常出其不意地给人以惊喜；有着独立的行事原则，能够按照预定的目标坚持不懈地努力，不受外界环境影响，更不会招摇过市、不可一世。

动作中传达的不同信号

第一章
从头部动作看认可与否定

点头如捣蒜，表示他听烦了

点头是最常见的身体语言之一，它可以表达自己肯定的态度，从而激发对方的肯定态度，还可以增进彼此合作的情感交流。点头能够表达顺从、同意和赞赏的含义，但并非所有类型的点头姿势都能准确传达出这一含义。点头的频率不同，所代表的含义就有可能不同。

缓慢地点头动作表示聆听者对谈话内容很感兴趣。当你表达观点时，你的听众偶尔慢慢地点两下头，这样的动作表达了对谈话内容的重视。同时因为每次点头间隔时间较长，还表现出一种若有所思的情态。如果你在发言时发现你的听众很频繁地快速点头，不要得意，因为对方并非就是赞同你的观点，他很可能是已经听得不耐烦了，只是想为自己争取发言权，继而结束谈话。

刚刚大学毕业的明宇去一家单位面试，负责面试的是一个年轻女孩。问了几个常规问题后，她话锋一转问起明宇的兴趣爱好。明宇随便聊了几句法国小说，张口雨果闭口巴尔扎克和她聊了起来。

年轻考官好像很感兴趣，对他不住地点头，明宇仿佛受到了鼓舞。话题轻松，聊的又是明宇的"强项"，他有些有恃无恐，刚进大学那阵子猛啃过一阵欧洲小说，觉得还真帮上大忙。见考官这么有兴致，明宇当然奉陪。眼看临近中午，年轻的面试官不住地点头、不停地看表，明宇还没有停下来的意思，原定半小时的面试，他们谈了一个多钟头。面试结束，考官乐呵呵地说："回去等消息吧。"明宇也乐呵呵地说："希望以后有机会再聊。"明宇回去悠闲地等，最终也没有等到复试的通知。

从这个例子可以看出，听众在你发言的时候不停地点头，往往不是对你十分赞同，而是觉得你说话太啰唆，他只是想借助这个动作让你不用再多说。明宇在表达的时候不顾及他人的肢体语言传达出的感受，一相情愿地侃侃而谈，如此会错了意又怎么会有好的谈话效果？同时，经过心理学家的实验证实，当对方做"点头如小鸡啄米"这个动作时，当他快速的点头的时候，他其实很难听清你在说什么。被父母唠叨的小孩子身上也能经常见到这样的动作，当父母说"你不能……"的时候，孩子会频频点头，嘴里叨念着"知道了，知道了"。这样的动作恐怕真是答应得快、忘记得更快了。

如果对方是真正赞同地点头，他会在你说完话后，缓慢地点头一下到两下，这样表示他是在用心听你说话。如果他希望你继续提供信息，他会在你谈话停顿时，缓慢而连续地点头，他是在鼓励你继续说下去。点头的动作具有相当的感染力，能在人的心里形成积极的暗示。因为身体语言是人们的内在情感在无意识的情况下所作出的外在反应，所以，如果他怀有积极或者肯定的态度，那么他说话的时候就会适度点头。

不露齿微笑，是拒绝的前兆

笑是人类与他人交流的最古老的方式之一。而微笑作为一种受到最广泛理解的正向性表情，在所有的文化语境里，人们都用它来表示高兴与快乐。正因为如此，心理学家把"微笑"视为人际交往中的一种常用方式，无论是何种文化背景下的人，它都可以付出，也可以接受。

一项针对人类近亲黑猩猩所展开的研究显示，其实微笑的功能并不仅止于此，它还有更深层次的基本作用。我们利用微笑告诉其他人，自己不会给他们带来任何伤害，希望他们能够接受自己。但是，真正了解微笑，掌握微笑内涵的人并不多。

古代讲究女孩要笑不露齿，是出于礼貌的要求。实际上，不露齿的微笑属于隐藏式微笑，也是一种防卫姿态。如果某人对你只是微笑，什么都不说，这表示他不想和你分享感觉和想法，是一种内敛拒绝，一有机会，他也许就会借口离去。这种人性格内向、保守、传统，在为人处世时又会显得腼腆，遇事会以礼貌的微笑婉拒。

不同的笑容代表不同的含义，这和笑容的展现方式有关。让我们来看看各种不同笑容所代表的含义。

1. 常见而普通的笑

这类笑在日常生活中最为常见，通常是表示谢意、歉意或友好，如坐车时你给老人让了座位，他会对你抱以浅浅的微笑，以示感谢；别人不小心碰撞了你，他会面带微笑地看着你，以示自己的歉意；当朋友为你介绍某一个人时，你会面带微笑地看着对方，以示自己的友好，诸如此类的微笑还有很多很多。

2. 冷冷的鼻笑

所谓鼻笑，即笑声从鼻子里发出来。多见于一些人在严肃、正式的场合看到了可笑的人或事，但又不能哈哈大笑出来，而只能强行忍住，通过鼻子发出来。此外，一些性格内向的人也喜欢使用此种笑的方式。他们之所以偏爱此种笑的方式，根本原因就在于他们担心自己笑的方式如果过于夸张会引起他人的注意，这就会让他们感到非常不舒服或不自在。

3. 暗自偷笑

所谓偷笑，顾名思义，是指私底窃笑，笑声较低也不长。多见于某人看到一件事情有趣而可笑的一面，而其他人却浑然不觉。不过，有时候，一些人在看见别人遭到批评、失败，或是处于某种尴尬情景之中时，他们也会发出此种笑。所以，偷笑有时又有幸灾乐祸的味道。

4. 轻蔑的笑

此种笑多为人们所鄙视，但在生活中却很常见。笑时鼻子朝天，一副"自以为天下第一"的表情，并轻蔑地看着被笑的一方。那些有权有势、高傲或自视清高的人在看见权势低下或地位卑微的人往往会发出此种笑。此外，在某些特定的情况下，正义的一方在面对邪恶力量的威胁、恐吓时也会露出此种笑，以示对他们的鄙视、轻蔑之意和自己勇敢、大无畏精神。

5. 哈哈大笑

一种非常爽朗、豪放的笑，在生活中也十分常见。当你遇到非常高兴的事，或是终于实现了自己的某个理想、愿望，通常会发出此种笑声。不过，有些时候，此种笑声带有一种威压感，会震慑他人，从而使人心生戒备。

人类的笑多种多样，笑是一道闸口，宣泄着人类几乎所有的情感。有时，笑是一种境界、一种感悟、一种智慧。读懂一个人的笑，你真的可以知道他在想什么。

轻易点头也许是想拒绝请求

点头和摇头在人们日常生活中很常见，然而在现实生活中，这点头的含义还需要细细揣摩，在很多时候点头并不表示同意，而轻易点头更有可能是一种无声的拒绝。轻易点头所表现出来的是一种无可奈何的心态，明明心中很不耐烦，然而碍于面子或者某种特殊情况，不得已而做出点头的动作，而实际上，它是一种拒绝的表现。

你向别人提出一个请求，他还没听完就频频点头说自己"知道了"，千万别急着高兴，他多半并没有真正想帮助你。这很明显就是一种应付式的答应，其真实含义为含糊式的拒绝。

一位保险推销员对此深有体会。他说："我向人推销保险时，话未说完，对方点头说，好吧，我们考虑考虑再给你答复。其实他对我的话并不感兴趣，已经不耐烦了。这时我要做的是适时改变话题，或者另找时间。"

当一个对你的性格、目的所知不多的人，对你的请求显示出"闻一知十"的态度，通常是不想让你继续说下去。

不妨试想一下，当我们要接受一个人的请求时，总是有耐心地听他讲完，然后根据问题的难易程度来决定该怎样做。所以出现这种情况的解释就是要么他不愿意帮助或接受，而是出于礼貌而不采取直接拒绝你的办法；要么就是他没有耐心去了解你的意思，他只能用点头的方式来表示听懂了。

晶晶和小凯结婚 7 年后，小凯出轨了。每次晶晶一哭二闹三上吊的时候，小凯都会不住地点头说，行了，行了，我不再和她来往了。答应归答应，小凯和第三者的联系从未断过。晶晶每次都和闺蜜哭诉，他明明答应了，明明答应了的……

从这个例子可以看出，当你看到对方轻易点头，并表示答应时，不要被表象迷惑，其实有时候这只是一种敷衍。通常情况下，你的话还未说完，对方却连续地点头说"好的，好的……"，或者心不在焉地说"行，就这样吧"，你的头脑中会产生不祥的预感，感觉心里没底。非常不相信对方作出的承诺的真实性，总感觉对方根本就没有听明白其中的意思或者深思其中的含义，而且所表现出来的更多的是无奈和敷衍。其实，这时候你要知道，你的目的没有达到，要清楚不能在一棵树上吊死，应该多寻找更多有效的方式或者解决的办法了。

习惯性皱眉的人，需要感性诉求

"眉头"两个字常被用来形容人情绪的跌宕起伏，"才下眉头；却上心头"、"枉把眉头万千锁"、"千愁万恨两眉头"……基本用到眉头一词，就脱离不了愁字。

当然，皱眉代表的心情除了忧愁之外还有许多种，例如：希望、诧异、怀疑、疑惑、惊奇、否定、快乐、傲慢、错愕、不了解、无知、愤怒和恐惧。皱眉是一种矛盾的表情，两条眉毛彼此靠近，中间还有竖纹。紧张的眉间肌肉和焦虑的情绪都无法得到放松。其实，一般人不会想到皱眉还和自卫、防卫有关，而带有侵略性的、畏怯的脸，是瞪眼直观、毫不皱眉的。

相传，四大美女之首西施天生丽质，禀赋绝伦，连皱眉抚胸的病态都楚楚动人，亦为邻女所仿，故有"东施效颦"的典故。在越国国难当头之际，西施以身许国、忍辱负重，皱眉是情绪的自然反应，也是内心世界恐惧的流露，是带着防卫心态的，对他人走进自己带着些许的抗拒。

如果你遇到一个习惯紧缩双眉的人，你也要小心翼翼。他表情忧虑，基本上是想逃离他目前的境地，却因某些原因不能如此做。这类人给人一种随兴感，他看起来不那么随和。他多半会有些挑剔，精打细算，直觉敏锐。他个性务实，办事认真，不太会大惊小怪，不会放任任何细节。当然，他还有些犹豫。

研究发现，眉毛离大脑很近，最容易被大脑的情绪牵引，眉毛的动作是内心世界变化的外在体现。下面，你可以从皱眉的细微差别中观察个性的心理表现。

1. 听你说话时锁紧双眉

如果他在你说话的时候锁紧双眉，通常这表示你的话有些地方引起他的怀疑或困惑。缓慢的语速，真挚的话语往往可以打动他，消除他的疑惑。

2. 自己说话时紧皱眉头

这样的人不是很自信，他希望自己的话不会被你误解，也渴望你能给他肯定。用更直白的方式诠释他说过的话，当他清楚明白时，你们的沟通将会更加顺畅。

3. 手指掐着紧皱的眉心

他个性上通常带着神经质的成分，常犹豫不决，常常后悔自己的决定。遇到这样的人，你要做好心理准备，与他沟通将是一个长期的过程，需要花费更多的时间和精力来消除他的顾虑。

如果你想通过对方的面部表情了解一些潜在的信息，眉毛就是上佳的选择。人额头的皮肤最薄，一有轻微动作就会展现在眉头上，眉头一皱，眼睛因挤压而缩小，总给人忧郁的感觉。所以，习惯性皱眉的人，往往需要更多的感性诉求。只有他卸下了防卫的面具，才能放弃心底最后的挣扎，下次你不妨从眉间找奇迹。

笑容可以表露人心

有一首歌叫做《你的笑容出卖了你的心》，实际上，笑的方式和一个人的性格存在着一些必然的联系。

捧腹大笑的人多是心胸开阔的，当别人取得成就以后，他们是真心地祝愿，而很少产生嫉妒的心理。在别人犯了错以后，他们也会给予最大限度的宽容和谅解。这样的人幽默感比较强，通常会给别人带来无穷的快乐。

经常悄悄微笑的人，性格比较内向、害羞。同时，他们的心思非常缜密，而且头脑异常冷静，在什么时候都能让自己跳出所在的圈子，作为一个局外人来冷眼观察事情的发生、进展情况，这样可以更有利于自己作出各种决定。这样的人特别善于隐藏自己，你很难认清他的真面目。

平时看起来沉默寡言，而且显得有些木讷，但笑起来却一发不可收拾，或者经常放声狂笑，直到连站都站不稳了。这样的人性情直爽，特别适合做朋友。这样的人也许不够热情、不够亲切，有时候甚至会让你觉得特别难以接近。实际上，这样的人特别注重友情，是那种在关键时候为你两肋插刀的人。

笑的幅度非常大，全身都在打晃，这样的人性格多是很直率和真诚的。和他们做朋友是不错的选择，因为他们往往会直言不讳地指出朋友的缺点和错误，而不会为了不得罪人而视而不见。他们不吝啬，在自己能力许可范围内对他人的需要总是会给予帮助。这样的人大多讨人喜欢，有广泛的社会关系。而笑出眼泪来是由于笑的幅度太大所致，经常出现这种情况的人，感情多是相当丰富的，具有爱心和同情心，生活态度是积极乐观和向上的。这样的人有一定的进取心和取胜欲望。他们可以帮助别人，并适当地牺牲一些自我利益，但却并不求回报。

小心翼翼地偷着笑的人，这样的人性格大多非常内向保守。同时，他们在为人处世时又会显得有些腼腆，但是他们对他人的要求往往很高，如果达不到要求，常常会影响到自己的心情。实际上，这样的人是可以与你患难与共、肝胆相照的。

看到别人笑，自己就会随之笑起来，这样的人多是乐观而又开朗的，比较情绪化，而且富有一定的同情心。他们对待生活积极乐观，不会被困难吓倒。

笑起来断断续续，笑声让人听起来很不舒服的人，大多性情冷漠。他们比较现实和实际，自己轻易地不会付出什么。笑起来断断续续，声音又尖锐刺耳的人，多具有一定的冒险精神，且精力比较充沛。这样的人感情比较细腻和丰富，生活态度积极乐观，为人比较忠诚和可靠。

笑起来声音柔和而又平淡，这样的人性格多较沉着和稳重，在大是大非面前多能够保持头脑的清醒和冷静。这样的人大多通情达理，能够设身处地为别人着想。他们善于处理矛盾，也善于化解纠纷。如果只是微笑，并不发出声音，多是内向而且感性的人，这样的人性情比较低沉和抑郁，情绪化比较强，而且极易受他人的感染。

笑起来发出"咯咯"的声音的人，多是能够严格要求自己的。这样的人想象力比较丰富，创造性也很强，常常会有一些惊人的举动。他们通常很有幽默感，这是聪明和智慧的一种自然流露。

倘若一个人在不同的场合，可以发出不同的笑声，那么这样的人多是比较现实的，而且反应能力特别快，善于处理各种各样的复杂问题。

第二章
眼神和视线透露意识和喜好

瞳孔扩张，表示对你的谈话感兴趣

日常生活中我们很容易观察到别人的手势、坐姿、表情等身体语言，而对于眼睛的观察只是停留在暗淡无光或是炯炯有神的层面上，其实人的瞳孔里还有很多值得我们去发掘的信息。人的眼睛通过数条神经与大脑连接，它们从外部获取信息，然后通过神经把信息传递给大脑。受到刺激的大脑又反馈信息给瞳孔，于是人的心理也就在瞳孔上表露出来。如果说眼睛是心灵的窗口，那么瞳孔就是窗内的风景。

美国芝加哥大学研究瞳孔运动的心理学家埃克哈特·赫斯发现，瞳孔的大小是由人们情绪的整体状态决定的。如果有一天，你兴致勃勃地和某人聊天，发现他的瞳孔扩张，认真聆听你的谈话，这表明他对你的谈话非常感兴趣，你可以继续发表你的言论。

晓月在电脑城卖电脑，她向顾客推荐新产品时，她会一边介绍，一边留意顾客瞳孔的变化，如果她发现顾客在听她讲解的时候瞳孔明显变大，心里就会暗自窃喜，因为她知道她的推销成功了，顾客对她的谈话和她推荐的商品都很感兴趣，她会把价钱要得很高。

从例子可以看出，当一个人对你的谈话内容感兴趣的时候，会在他的瞳孔上有所反映。当一个人处于兴奋、高兴的情绪状态时，其瞳孔就会明显变大。反之，当一个人处于悲观、失望的情绪状态时，其瞳孔就会明显缩小。据此，细心的你可以通过他人瞳孔的变化发现生活中其他的有趣现象。

例如，一个性取向正常的人，不管是男人还是女人，只要他们看到异性明星的海报，瞳孔便会扩张；但若看到同性明星的海报，瞳孔就会收缩。同样，当人们看到令人心情愉快或是痛苦的东西时，瞳孔也会产生类似反应。比如，看到美食和政界要人时瞳孔会扩张；反之，看到战争场面时瞳孔会收缩，在极度恐慌和极度兴奋时，瞳孔甚至可能比常态扩大 4 倍以上。婴儿和幼童的瞳孔比成年人的瞳孔要大，而且只要有父母在场，他们的瞳孔就会始终保持扩张的状态，流露出无比渴望的神情，从而能够引来父母的持续关注。

一般来说，当人们看到对情绪有刺激作用的东西时，瞳孔就会变化。赫斯还指出，瞳孔的扩张也与心理活动密切相关。例如，某个工程师正在冥思苦想努力解决某个技术难题时，当这一难题终于被攻破的那一刹那，这位工程师的瞳孔就会扩张到极限尺寸。

很多玩牌的高手之所以能屡战屡胜，最主要的原因就在于他们善于通过观察对手看牌时瞳孔的变化来揣摩对方手中牌的好坏。他如果看见对方看牌时瞳孔明显扩大，则可基本断定对方拿了一手好牌，反之，当他看见对方看牌时瞳孔明显缩小，据此他又可以断定对方的牌可能不太好。如此一来，自己该跟进还是该扔牌，心里也就有底了。如果对手戴上一副大墨镜或太阳镜，那些玩牌的高手可能会叫苦不迭。因为他们不能通过窥探对方瞳孔的变化来推断对手手中牌的好坏。如此一来，他们的获胜率肯定会直线下降的。

这一点还体现在青年男女约会上，如果你的约会对象在注视你的时候，眼神温柔、瞳孔扩大，那基本可以断定他是喜欢你的。关于瞳孔扩张的这一发现被研究引入了商业领域，人们发现瞳孔的扩张会令广告模特显得更有吸引力，从而吸引更多的顾客购买商品。因此，商家通常将广告照片上模特的瞳孔尺寸修改得更大一些，有助于提升产品的销量。

有句老话说，在和别人说话时，要看着对方的眼睛。是的，如果他在和你交谈时，瞳孔扩张，那真要恭喜你，这表明他对你的谈话很感兴趣。下次，要"好好看看对方的瞳孔"，因为瞳孔从不说谎。

握手时一直盯着你的人，心里想要战胜你

在西班牙斗牛的节目中，那些被激怒的公牛会在进行角斗之前，把眼睛瞪圆了一直盯着对方。在这点上，人类也是一样。世界上大多数国家的人都不会对不熟悉的人进行直视，一直盯着对方会被认为是没有教养的表现，甚至被看成是一种故意挑衅的行为。当某人和你握手时，一直直视你，甚至盯住你不放，这其实是对你的挑衅，他的心里是想要战胜你。

目光接触是非语言沟通的主渠道，是获取信息的主要来源。人们对目光的感觉是非常敏感、深刻的。通过目光的接触来洞察对方心理活动的方法，我们称之为"睛探"。目光接触可以促进双方谈话同步化。在对方和你交谈时，如果他用眼睛正视你，你可以更有效地理解他的思想感情、性格、态度。同时，通过"睛探"，可以更

好地从对方的眼神中获得反馈信息，及时对你的说话进行必要的调整，通过这样的审时度势，一旦发现问题，可以随机应变，采取应急措施。

如果遇到和你握手时一直盯着你的人，并且他对你的注视时间超过 5 秒，他除了想在心理上战胜你之外，往往还对你有一种威胁。这种盯视还会被用到其他场合。例如，警察在审讯犯人的时候通常对他怒目而视，这种长时间的对视对于拒不交代罪行的犯罪者来说有着无声的压力和威胁。有经验的警察常常用目光战胜罪犯。

可见，即使是罪犯也不喜欢别人用眼睛紧紧盯住自己。因为被人紧盯住之后，心里就会产生威胁和不安全感。事实上，在你和对方握手、交谈时，如果遇到长时间盯着你的人，由于他眼神传递出来的信息产生了副作用，你从他的视线中是感受不到真诚、友善、信任和尊重的。

在生活中，人的角色是多样的，眼神之间可以传递不同含义的讯息，而影响一个人注视你时间长短的因素主要有 3 点：

1. 文化背景

文化背景不同的人注视对方的时间可能存在很大的差异。在西方，当人们谈话的时候，彼此注视对方的平均时间约为双方交流总时间的 55%。其中当一个人说话时，他注视对方的时间约为他说话总时间的 40%，而倾听的一方注视发言一方的时间约为对方发言总时间的 75%；他们彼此总共相互对视的时间约为 35%。所以，在西方国家中，当一个人说话时，对方若能较长时间看着对方的眼神，这会让说话的人感到非常高兴。因为他认为对方这样做，说明对方很在意他的讲话，或者是很尊重他。但是，在一些亚洲和拉美国家中，如果一个人说话时，对方长时间盯着他看，这会让他感到不舒服，并认为对方很不尊重他。比如，在日本，当一个人说话时，如果你想表示对他的尊敬之情，那么你就应该在他发言时尽量减少和他眼神的交流，最好能保持适度的鞠躬姿势。

2. 情感状态

一个人对他人的情感状态（比如喜爱，或是厌恶），也会影响到他注视对方时间的长短。比如，当甲喜欢乙时，通常情况下，甲就会一直看着乙，这引起乙意识到甲可能喜欢他，因此乙也就可能会喜欢甲。如此一来，双方眼神接触的时间就会大大增加。换言之，若想和别人建立良好关系的话，你应有60%～70%的时间注视对方，这就可能使对方也开始逐渐喜欢上你。所以，你就不难理解那些紧张、胆怯的人为什么总是得不到对方信任的原因了。因为他们和对方对视的时间不到双方交流总时间的1/3，与这样的人交流，对方当然会产生戒备心理。这也是在谈判时，为什么应该尽量避免戴深色眼镜或是墨镜的原因。因为一旦戴上这些眼镜，就会让对方觉得你在一直盯着他，或是试图避开他的眼神。

3. 社会地位和彼此的熟悉程度

很多情况下，社会地位和彼此熟悉程度也会影响一个人注视对方时间的长短。比如，当董事长和一个普通员工谈话时，普通员工就不应该在董事长发言时长时间盯着他，如果那样的话，他就会认为你在挑战他的权威，或是你对他说的某些话持有异议。这样一来，肯定会在他心里留下不好的印象。所以，和领导或上级谈话时，最好不要长时间盯着对方，你可以采取微微低头的姿势，同时每隔10秒左右和他进行一次视线接触。不太熟悉的俩人初次见面时，彼此间眼神交流的时间也不宜太长，如果一方说话时，另一方紧紧盯着对方，这肯定也会让对方感到非常不舒服。

游离的视线暴露内心的不安

在日常生活中我们经常能遇到这样的情形，当你遇到一个眼神闪烁不定，东张西望的人，你会感到他忧心忡忡。甚至你会觉得他心中可能隐藏着某些事，或者是背着你做了对不起你的亏心事。这种担心是有科学根据的，就心理学而言，游离的视线往往会暴露内心的不安，往往是对方不愿意让你看到内心映射的表现。也就是说，隐藏着不想被你知道某些事的可能性非常大。

主持人挑战赛第九场，挑战者正在进行电视演讲。观众们发现2号挑战者的眼神左右游移，这使得他像在东张西望一样。这种动作和表情引起了观众的反感。事后，记者对他进行了采访，他说，太紧张了，心里很不安，眼睛有些不知道往哪看了。

挑战者在演播厅里的举动是因为他内心很紧张、不安，而他又想和观众保持眼神互动交流，所以不停地转换视线，以求和更多人的视线汇合一下。但他的动作由电视信号传递出去，更多的场外电视观众就会认为他的眼神很不规矩，东张西望的神情也令人生厌。

视线的游离往往是人内心活动的反映。在与人交谈的过程中，如果遇到东张西望的人，你该多留意一下他的视线变化，或许你可能从中了解到更为真实的东西。要知道，东张西望所透露出来的内心独白是："外部环境很陌生，我需要认清它并找到安全逃跑路线。"如果你不相信，可以看看动物的反应。很多动物被带到一个陌生的环境中，它们的视线就会上下左右四处扫视。而且动作相当明显，甚至伴有头部转动的动作。而一旦受到惊吓，它们会立刻循着自己刚刚锁定的路线奔逃，一刻也不迟疑。这证明它们在东张西望中就已经安排好了逃跑路线了。人类在新的环境中的环视动作比动物隐蔽得多，但摄像机还是能记录这些不安的眼神。所以，东张西望的神情是人们对于眼前的人或事缺乏安全感的表现。

　　游离的视线在很多时候是内心不安的表现，这里也有一类更为特殊的群体。在医学上，有些人被称为"视线恐惧症"患者，他们在与别人发生视线接触后，往往会立即转移自己的视线。因为他们觉得对方的眼光太过于强烈，从而使自己的眼睛不由自主地东张西望，这会让他们感觉非常不舒服。与此同时，他们的心理也处于一种矛盾的状态之中，一方面，他们想如果与对方进行对视，会不会使对方感到不快。另一方面，又想自己若是进行视线转移，对方会不会看透自己的心理。在这种进退两难的矛盾状态之中，他们越是焦急不安，就会使眼神更加左右游离，强烈不安的心理情绪就越严重。一般来说，此种类型的人，他们之所以会产生"视线恐惧症"，归根结底，是因为他们缺乏自信心。他们往往是通过别人眼中反映出的自己来认识和确认自己的存在与价值。

　　生活中，还有一些其他的视线可以传达不同的信号。例如：瞳孔偏到一旁的目光伴随着压低的眉毛、紧皱的眉头或者下拉的嘴角，那就表示猜疑、敌意或者批判的态度。你在公司会议上发表见解时，如果发现你的老板和同事大多用这样的视线来看你，你就得警醒了。可能是他们对你本身有意见，或者对你的说话内容表示不屑。不管是哪一种，你的主张都没有办法打动别人。而女人们通常喜欢用这种视线表达感兴趣的意思。同时伴有眉毛微微上扬或者面带笑容，那就是很有兴趣的表现，恋爱中的人们经常将之作为求爱的信号。

　　眼睛这扇天窗时刻都在向外界传播着内心世界的种种信息。当你看到有人不停地左顾右盼，目光游离，那么你就可以断定，他的目光是在告诉大家，"我内心不安"，或"心怀不轨"。

第三章
控制与防备，看手就知道

对方是否喜欢你，握手见分晓

握手是在相见、离别、恭贺或致谢时相互表示情谊、致意的一种礼节，双方往往是先打招呼，后握手致意。据说握手最早发生在人类"刀耕火种"的年代。那时人们手上经常拿着石块或棍棒等武器。他们遇见陌生人时，如果大家都无恶意，就要放下手中的东西，并伸开手掌，让对方抚摸手掌心，表示手中没有藏武器。这种习惯逐渐演变成今天的"握手"礼节。而现在，握手已经逐渐演变为人们用来维系业务关系的一种沟通方法。但就是这样一个小小的握手礼，其中却暗藏着不少玄机。

莫里斯与女友在餐馆就餐时，遇到了女友的前任情人比尔。女友尴尬地为俩人介绍，莫里斯与比尔握手致意。两只手紧紧地握在一起，莫里斯感觉到对方的力度越来越大，并且扳着他的手，想让自己的手心朝下。莫里斯暗想："这可真是个厉害人物。"

从上面的例子来看，简单的握手动作就可以接受到对方传递过来的信号：他是否喜欢你？是不是心理很强势，想打压你？比如比尔与莫里斯握手时将手掌翻转，使自己的手心朝下，就给对方制造出一种强势的感觉，这种不喜欢是不加掩饰的。

这种凌驾于人的握手方式并不少见，专家曾对350位高级行政主管开展了一项关于握手的调查研究，这群研究对象89%为男性。结果显示，在各种面对面的会谈中，88%的男性主管和31%的女性主管在握手时都会采用这种能够制造强势效果的握手方法。而且这种握手的力度也会相对较大，甚至会令对方有轻微疼痛感。

通常情况下，握手只是人们见面时表示问候，离别时表示再见的一种礼仪。但是，你可以从握手这一细节动作上预见对方是否喜欢你，了解他想表达控制还是顺从的意思，了解他的个性特点。一般来说，性格温和、内向的人在与人握手时通常会采取顺从的姿势，这也表示他比较崇敬你。而性格外向、脾气火暴、霸道的人与人握手时，通常会采取控制性的握手姿势，这表示他不是十分喜欢你，或者是想让你感受到他对你的震慑力。有趣的是，当两个性格温和、彼此有好感的人握手时，他们通常会表现得温文尔雅、谦卑有礼。如此一来，双方便形成了一种平等、融洽的关系。

一般来说，初次见面的双方握手致意，通过这一动作，你可以感受到对方传递过来的一些微小的信号，这些信号可能是无心，也可能是有意。而你也可以因此构建对对方的初步评价。一般来说会有这样三种评价：一是认为对方很强势，觉得对方并不喜欢你，他甚至想控制你；或者觉得对方比较弱势，你认为自己可以掌控对方；或者感受到彼此的平等地位，能够感受到对方很喜欢你，你也觉得和他在一起很舒服。

著名的作家海伦·凯勒曾经这样写道："我接触过的手，虽然无声，却极有表现性。我握着他们冷冰冰的指尖，就像和凛冽的北风握手一样；也有些人的手充满了阳光，他们握住你的手，使你感到温暖。"海伦·凯勒虽然不能用眼睛观察到对方，但她的触觉是极其敏锐的，她关于握手的描写也极其精彩地展现了握手能带给人的不同感觉。可以说，要知道对方是否喜欢你，握手便知分晓。

握紧拳头，是发怒的前兆

著名的人际关系大师亚伦皮斯在幼年时已经学会了一套察言观色的本领。他曾经上门推销橡胶海绵。并且知道当对方的手心展开时，他就可以继续他的推销活动。而如果对方虽然表面上和气，而手却攥紧了拳头，他就要马上离开，免得浪费时间。

握紧拳头是指在交谈的过程中，对方两手握拳的时间较长。最常见的是两手握拳于身后呈叉腰状，或者双手抱胸两手紧握而不是像平时那样两手掌张开，也有时是两手握拳，撑在下颌处。

握紧拳头是心理学上的武装姿势。美国心理学布莱德曼经过研究证实，在很多情况下，一个人做出此种手势其实并不代表着他非常自信，与之相反，它代表此人正处于一种焦虑、紧张，或者是失望、悲观的情绪之中。例如，当一个人将双臂环抱于胸前时，再加上了双拳紧握这个细节动作，这代表强烈的敌意。如果有人在和你交谈的过程中握紧拳头，我们可以推断出他心里很讨厌你。这样的人有着明显的防御意识，同时你也可感受到对方的敌意。紧握的双拳是他在极力克制自己的情绪。你也可以从他的其他身体语言上看出这一点，比如眉头紧皱，甚至还有脖子上青筋迸发的现象。如果此时你激怒他，他会由这种显示敌意的状态真正转变为敌意爆发的状态。

王明和小张是同寝的大学室友，4月1号那天，王明偷拿了小张的论文。在小张焦急地寻找论文时，王明拿出论文，说，你也太笨了，就放在你的枕头下面啊。小张不由自主地握紧了拳头，手上的青筋迸发。王明并不在意，继续和室友一起起哄，一起嘲笑小张。结果，小张对王明大大出手。

从上面的例子可以看到，王明没有及时理解小张传递出来的手势信号，所以才激怒了焦急、羞愤的小张。其实，只有你懂得观察，你的确可以从对方手掌的姿势，看出他们对你这个人的看法。

1. 手掌向上自然平展的人，对你有好感

你和朋友聊天时，经常可以看到，他靠在桌子上，掌心向上，一只手可能还夹着烟。这表示对方对你颇具好感，想和你更亲近。手掌向上自然平展是身心放松的表现，只有对你没有戒备，才会展现这类手势。

2. 手掌向下自然平展的人，对你还有戒备

平展的双手通常会放在椅子扶手上、大腿上，有时候还会放在面颊上。这表明他极力想对你示好，但心理还有戒备，不过这种手势很普遍，大体上对你还是有好感的。

3. 双手摊平合十的人，对你很抗拒

这是我们大家熟悉的祈祷手势，好像拜拜一样，有人用这来表示拜托、请求。如果我们遇到这样的人，基本可以断定，这人是对

你抗拒的，这种动作往往用在有求于人的时候，虽然嘴上要求，但心里往往是抗拒的。

另外，在某些特殊情况下，一些人有了握拳的动作，其实并不是讨厌你，例如有些人在内心焦虑或紧张不安的时候，也会做出握拳的动作，这是一种对自己负面情绪的安慰，是一种心态的特殊反映，所以我们应该区分看待。

频繁拨弄头发，心中紧张不安

不知道你是否注意过，人们在处于紧张的状态时总是会下意识地做出一些小动作，而这些小动作能够泄漏出很多内心信息。例如，你和朋友交谈时，他总是不时地拨弄头发，这是他的大脑发出了信息："心慌！安抚我一下吧。"是的，就像小猫小狗感觉害怕时会舔自己的毛发一样。人类频繁地拨弄头发，也表示心中紧张不安。

如果留心观察儿童的身体语言，你会发现，小孩子犯错误被父母或老师发现之后，经常会做出这样的动作——站在大人面前，身体不动，只是用手不停地拨弄头发，通常还带着无辜的眼神，表现出十分紧张的神态。仿佛在说"我错了，我会不会挨打呢"，因此，太频繁地拨弄头发，不是说这个人没有洗头发、头皮很痒，而是他内心极度不安，缺乏自信，需要用频繁地拨弄头发来掩饰心中的不安和不确定感。对这样的动作最常见的解释是当事人感到疑惑、不安、甚至有点焦躁。

小葛是个纨绔子弟，和莉莉结婚后稍有收敛。可是有一天，小葛又彻夜未归，早上回家，他发现莉莉整晚没睡。莉莉站在窗口，红肿着双眼，她质问道："你是不是又去夜店了？这个家你还要不要了？"从未见过莉莉发火的小葛有些慌乱了，他不停地拨弄头发，说："我，我没去夜店啊，你相信我！"

从上面例子可以看出，尽管小葛嘴上否定了莉莉的猜想，但他手上的动作却表明了他的不安、顾虑。细心观察，在人们面对紧张的时候，总会通过一些小动作将情绪透漏给你。让我们看看其他的一些体现紧张的小动作：

1. 不停地清嗓子

你会发现，很多人原本嗓子没有不舒服的感觉，可是在准备比较正式的演讲前，他会不停地清嗓子。这不是怪癖，只是紧张的缘故。不安或焦虑的情绪会使喉头有发紧的感觉，甚至发不出声音。为了使声音正常，他就必须清嗓子。这也是有的人说的"紧张的连声音都变了"的原因。如果你遇到说话不断清嗓子、变声调的人，这表示他们非常紧张、不安和焦虑。

2. 狠狠掐烟或任烟自燃

抽烟有时会被认为是缓解紧张、压力的方法。生活中，你常常可以看到这样的动作，有人在烟没有抽完的时候，忽然把烟头狠狠掐灭或是把它搁在烟灰缸上任其燃烧。其实这样动作的潜台词常常也是压力、紧张、焦虑。

3. 屁股底下坐了球儿

每个人在当学生的时候大概都被老师说过："你能不能好好坐着？你屁股底下坐球了？"当你和别人聊天时，如果发现他坐立不安，那就表明他感到有压力或不安，有时候无聊也会有这样的动作。

很多动作看起来很平常，实际上也是紧张不安的表现。比如撕纸、捏皱纸张、紧握易拉罐让它变形，等等，并且你可以发现，当一个人的紧张感、不安感严重的时候，这样的动作出现的概率更大。人们似乎希望借这些动作来缓解，同时稳定情绪。

拍案而起，是为了显示威慑力

拍案而起，是指用手猛地一拍桌子然后愤然站起来，形容非常愤慨。这个词现在屡见报端，一般都是形容一些领导人对某些大事件、突发事件以及民愤极大又没有得到良好解决的事件的愤怒心情和行为，也体现了这些领导亲民、爱民的胆识、魄力和疾恶如仇的性格。在现实生活中，如果交流对象冲你拍案而起，这表示他很愤慨，并想显示威慑力。

一个人做出拍案而起的动作，多是在他感觉人格和尊严受到侵犯的时候。此刻他觉得不应该再临阵退缩，于是拍案而起，想给人以迎头痛击。与之伴随的往往还有手势下劈的动作，这样通常会给人一种泰山压顶、不容置疑的感觉。使用这种手势的人，一般都是地位高高在上，性格有些自负的人。他们的能力很强，一般他们的观点和决定，不会轻易容许别人反驳。伴随着这个动作的意思是"就这么办"、"这事情就这样决定了"、"不行，我不同意"等话语。

日常生活中，大家常遇到一些上司，在讲话时，为了强调自己的观点，显示威慑力，他们通常会做出手势下劈的动作。在这个时候，你最好不要轻易提出相悖的观点，对方一般也是不会轻易采纳的。如果你非要争论个你是我非的话，恐怕他们很容易就拍案而起了。在平常，你与同事或朋友三五成群地争论问题，如果有人为了证明自己的观点而否定别人的观点，往往也喜欢做手势下劈的动作来否定别人的观点，打断别人的话。如果争论到高潮，很可能会有人拍案而起了。

如果是在演讲，一般不适合做拍案而起的动作，但是演讲者为了强调自己说话的意思，往往会做出手势下劈或攥紧拳头的动作。这也是他想显示威慑力的标志。握紧的拳头好像在说："我是有力量的。"但如果是在有矛盾的人面前攥紧拳头，则表示："我不会怕你，要不要尝尝我拳头的滋味？"这也是他讨厌某人的标志。

历史上，"拍案而起"的例子很多。曾有"同治中兴"名臣左宗棠在事关中华民族利益的大是大非面前"拍案而起，挺身而出"的故事，尤为后人称道。当时，清政府与英帝国主义签订了中国历史上的不平等条约，又是割地又是赔款。此时的左宗棠虽然人微言轻，但依然拍案而起，说："英夷率数十艇之众竟战胜我，我如卑辞求和，遂使西人具有轻中国之心，相率效尤而起，其将何以应之？须知夷性无厌，得一步又进一步。"他痛斥投降派琦善"坚主和议，将恐国计遂坏伊手"，"一二庸臣一念比党阿顺之私，今天下事败至此"。他利用自己的朋友关系，四处联络，推动参劾投降派，让清政府重新启用林则徐。正是在舆论压力之下，朝廷不得不撤掉琦善，重新恢复林则徐的职位。可见，拍案而起的意义是否积极，还要看当时的情境。如果说话者只是为了体现个人的威慑力，那就有些小题大做了。像左宗棠为了维护了中华民族大义，义正词严地拍案而起则是气愤至极的自然反应，当然这样的动作也显示了他的威慑力。

双手托腮的人，喜欢幻想

　　双手托腮的动作，是一种替代的行为。用自己的手，代替母亲或是情人的手，来拥抱自己或安慰自己。在精神抖擞、毫无烦恼的人身上，通常是看不到这样的动作的。只有那些内心不满、心事重重的人，才会托着腮沉浸于自己的思绪中，借此填补心中的空虚与烦恼。这样的人往往热衷于幻想，喜欢任自己的思绪漂浮在世俗之外。

　　如果你眼前的人，正用手托腮听你说话时，那就表示他觉得话题很无聊，你的谈话内容无法吸引他。或者他正在思考自己的事，希望你听他说话。而如果你的恋人出现这样的举动，也许他正厌倦于沉闷的聊天，希望你给他一个热情的拥抱呢！

　　倘若平日就习惯以手托腮，表示此人经常心不在焉，对现实生活感到不满、空虚，期待新鲜的事物，梦想着在某处找到幸福。想要抓住幸福，不能只是用手托着腮幻想而什么都不做。守株待兔便是这类型的人最佳的描写。有这种个性的人在谈恋爱时，会强烈渴望被爱，总是祈求得到更多的爱，很难得到满足，处于欲求不满的状态。从另一个角度来看，这种人因为觉得日常生活百无聊赖，而惯于沉浸在自己编织的世界中，偏离了现实世界，脑中净是浪漫的情怀，与之交谈，往往会有一些意想不到的有趣话题出现。

　　双手托腮，喜欢幻想的他就像一个爱撒娇的孩子，他随时需要呵护，但太过于溺爱也不是好事。拿捏好尺度，适当地满足他的需求才是上策。而经常做出托腮动作的人，除了要自我检讨这种行为是否是因内心空虚产生的反射动作外，也应尽量充实自己，减轻内心的痛苦，试着通过心态的调整，改善表露在外的肢体动作。

生活中，我们还可以看到一只手抚腮，一只手扶着另一只胳膊的人。这样的人戒备心理很强，大多数在幼儿时期没有得到父母充分的爱，例如：母亲没有亲自喂母乳、总是被寄放在托儿所、缺乏一些温暖的身体接触。在这种环境之下长大的人，特别容易出现这种审视他人的身体动作。如果谈话对象在和你交谈的过程中，经常以这样的姿势面对你，那么表示他对你的话有所怀疑，对你的话题也没有多少兴趣。

有些演员在电视剧中常摆出双手托腮或单手托腮的姿势，因此她给观众的感觉，绝不是亲切坦率的邻家小妹，而是高不可攀的淑女。她不是那种会把感情投入对方所说的话题中，陪着流泪或开怀大笑的类型。她心中似乎永远都藏有心事，热衷幻想。

总之，如果你的谈话对象总是习惯用双手托腮或用单手抚腮，并且显出一副心事重重的样子。那么他多半是热爱幻想、喜欢浪漫的人，你要想和这种人成为亲密的朋友，可能还要花上一段时间。

常摆出塔尖式手势的人，高度自信

一般来说，在身体语言中，对一个姿势的理解需要结合其他姿势群和具体的环境，才能解读其真正的含义，因为某一具体手势在这个特定场合中可能有某个特定含义，而在另外一个特定场合中可能并没有含义。比如，在一个寒冷的房间里，某人将双臂交叉放在胸前可能仅仅是为了防寒取暖，而与防御自卫或者孤独离群没有丝毫关系。但体语中有一个姿势却是例外，它是一个孤立的姿势，不需要结合其他姿势群和具体的环境，就能表达一个明确而具体的含义，它就是"塔尖式手势"。那究竟什么是塔尖式手势？它表达的具体意义又是什么呢？

所谓塔尖式手势，是对一种手势的形象称呼，指双手手指一对一地在指尖处结合起来，但两个手掌并没有接触，外表看上去就像教堂的尖塔一样，故而被称为塔尖式手势。它表达的意义就是姿势发出者对自己非常自信。一般来说，采用这个姿势的主要是这样一些人：非常自信、有优越感，较少使用身体语言的人。

塔尖式手势常用于上、下级之间的互动关系中，用来表示自信和无所不能。经理或部长给下属传达通知、布置任务时，常会自觉或不自觉地做出这个姿势。这在律师、IT 人员、经济师之类的人群中尤为常见。他们之所以喜欢做出这个姿势，就在于想通过此种姿势，向别人表明对自己所说的话，或者是所作的决定，具有十足的信心。

研究表明，职场中有一种很普通的现象就是那些自信的佼佼者经常使用塔尖式手势，以显示他们的高傲情绪。在上、下级之间，这种手势主要用来表示当事者"万事皆知"的心理状态。如某些大公司的总经理在给他的下级传达指示时经常使用这一手势，某些做报告的领导，常常坐在讲桌旁，双臂支放在桌子上，双手不由自主地形成塔尖式。这种手势在会计、律师、经理、单位领导和同类人中间显得更普遍。

具体来说，根据塔尖的朝向，塔尖式手势可以分为向上和向下两种姿势。当一个人向别人发号施令，或是在阐述自己的观点、意见时，其手势的塔尖朝向上方；当一个人在聆听别人说话时，其手势的塔尖可能会朝下。心理学家研究发现，女性不论是在对别人发号施令，还是在聆听别人说话，她们都喜欢用倒置的塔尖手势来含蓄表达自己的自信。如果一个人在做出塔尖朝上手势的同时，还昂起自己的头，这就表示他是一个自以为是，并且很自大的家伙。更为夸张的是，如果某些人在看你时，常常做出塔尖式手势：先把十指做成塔尖式手势，并将其置于与双眼平行的位置，然后透过两掌间的缝隙盯着你，一言不发。做这样的动作就好像在告诉你："你心里在想什么我都一清二楚，不要在我面前耍花样，不然后果很严重！"

总的来说，塔尖式手势是一种积极、明确的姿势语言，除了可以用于积极的方面以外，它还可以用于消极的方面。比如，当一个下属在向其经理汇报工作时，他可能会做出一些积极的姿势，比如摊开双掌、身体前倾等。经理在下属汇报完毕后，他可能做出塔尖式手势。要想判断经理这个手势的意义是积极的，抑或是消极的，关键就在于经理做出的这个动作是在他的一些积极姿势之后，还是在一些消极姿势之后。如果是在一些积极姿势之后做出的，则表示他肯定了这位员工的工作，如果是在一些消极姿势之后做出的，则表示他不太满意这位员工的工作。

手持话筒下端的人，个性坚毅

打电话是最常见的行为，透过这一行为，我们往往可以看出动作实施者的内心世界。一般来说，大部分人都喜欢在通话时紧握听筒的下端。这种人外圆内方，表面看似怯懦温驯，实则个性坚毅，对事对人一旦下定决心，永不改变。他们一般很守信用，一旦答应你什么事，会尽力去做好，适合与之成为朋友。打电话时做这样的动作，在男性中较多见，他们大都性格干脆、做事爽快；这样握听筒的女性，往往对事物的好恶十分明显，且固执到底。遇事喜欢凭自己的好恶，一点也没有通融的余地，因而不大讨男性的喜欢。

通过观察可以发现，人在打电话时，还有一些其他的手上动作，如：

1. 边打边信手涂鸦的人

一边通话，一边用手指在纸张上乱画。这种人大多具有艺术才能和幻想力但不切实际。不过他们独具的愉快及乐观性格使他们经常可以轻易地度过一切困难。

2. 用双手握住话筒的人

这样的人很感性，易受外界的影响。这样握听筒的女性，一谈起恋爱来，很容易受爱人的影响，性格也会随之起变化；这样握听筒的男性，大多会有一些女性气质，对于一些细微的事情，往往也会左思右想，优柔寡断，不知如何是好。

3. 用手轻柔地握住话筒，并使话筒与耳朵保持一定距离的人

这样的人，其行动力和社交活动能力往往是相当强的，并且有很强的自信心，十分好胜，也很希望周围的人能够注意他。如果是女性，这样的人一旦遇到她所喜爱的男性时，则会一改以往任性的性格。这样握听筒的男性则比较少见。

4. 边通话边用手玩弄电话线的人

做这样动作多见于女性，她们比较喜欢空想，一方面多愁善感，另一方面又有倔犟的脾性，她们在电话中一说起来常常会没完没了。同样，做这样动作的男性较少见。

5. 用手抓握话筒上端的人

做这样动作的女性较多，她们通常有一种歇斯底里的特征，只要有一点小事不合心意，就会大发脾气，情绪改变非常快，所以与周围人的关系常常很紧张。这种女性与异性相处时，爱怎么样就怎么样，往往使对方束手无策，陷入困难的处境；而这样握听筒的男性，常常因为头脑灵活，总之，一个人在打电话时，用手抓握电话话筒的位置往往可以表露人心，通过这些，我们可以很好地了解他的内心世界。

自信的肘部支撑动作

人在自信满满的时候通常爱做出肘部支撑动作，通过这些细节，我们可以更好地了解交流对象。

1. 展示自信与权威

支撑在椅子扶手上的双肘是力量的源泉，就像运动员起跑时用双脚踩在助跑器上一样。而手指姿势则形成了一把枪的样子，不断摆动的食指就是枪口的位置，仿佛一触即发。

办公室里，总裁坐在自己的位置上听取下属的工作汇报。他把双肘支撑在椅子的扶手上，双手手指交叉，而将两手的食指和拇指互相顶住。他的掌心虚空，在听取下属汇报的过程中，互相顶住的食指不断上下摆动。

这样的姿势常见于职场地位较高的人士，他们十分清楚自己手里的权力，并且希望别人也意识到这一点。当听取下属的谈话时，这样的姿势代表他们其实已经知晓了一切，或者认为一切尽在掌握之中。

2. 思想者的单肘支撑

我们都很熟悉罗丹的著名雕像——思想者。雕像塑造了一个强有力的男子。弯着腰，屈着膝，右手托着下颌。深沉的目光以及拳头触及嘴唇的姿态，表现出一种极度痛苦的心情。努力把身体抽缩、缩成一团。他的肌肉非常紧张，不但在全神贯注地思考，而且沉浸在苦恼之中。

这是男性经历痛苦矛盾思考的时候会做出的动作，而女性则有另外的思考动作。比如用一只手的手肘支撑在桌子上，而这只手的手掌微微握拳，伸出食指和拇指形成一个"八"字手势撑住侧脸，通常食指顶住的部位在太阳穴的位置。男性和女性的思考动作，最相像的地方就是单肘的支撑，他们都用一只手的手肘寻找到一个依靠点，用以支撑自己的头部——思考的部位。

女性单肘支撑的思考姿势相比起男性来说，削弱了力度感。女性会把更大的力量积蓄在内在的思考上。"八"字形手指姿势刺激着她的太阳穴，表示她在时刻提醒自己保持清醒。

3. 单手托肘积蓄力量

肘部支撑动作有很多种不同版本，但大部分都隐含着积蓄力量的意思。如果你发现一个女性在谈话时，用一只手在胸前托住另一只手的手肘，而另一只手则有比较大的手势动作，那么就表示她迫切地希望自己的观点能够打动对方。

被托住的手肘找到了支撑点，从而使得手臂能够更灵活地摆动，而手臂和手掌的动作也能够有更大的幅度。这种姿势好像把全身的力量都通过手肘输送到了那只活动的手臂上，所以它必然要利用这些力量摆出能够吸引别人的姿势，从而为自己的谈话增添士气。

可见，如果以个人做出了自信的肘部支撑动作，往往是他信心满满，积蓄力量的表现。

第四章
腿和脚：离大脑最远的部位最诚实

对方与你的身体距离，折射出与你的心理距离

小平是一个推销保健品的业务员。一天，她在小区里遇到了同楼住的王大妈，也许是平日里"低头不见，抬头见"的关系，她向王大妈介绍保健品的时候格外热情。在整个讲解的过程中，她不断拉王大妈的胳膊、搭肩膀、贴耳说话，想让王大妈快点买她的保健品。可是适得其反，王大妈紧缩双眉，小平向她靠近一步，王大妈就退后一步，始终和小平保持着一定的距离。最后，王大妈婉拒了小平推销的产品。

从例子中可以看出，王大妈的身体语言曾多次暗示小平，她并不想买小平的产品，她对小平并不信任，可惜小平没有读懂。有个很简单的技巧可以判断你的谈话对象是否信任你，即在你们站定后，如果你轻轻上前一步，想拉近你们的距离，而对方却后退一步，这很明显他对你有戒备心，他并不信任你；如果这时你还不识相地再进一步，他会愈发不信任你，他每退一步，就对你的信任打了折扣。

人与人相处需要一定的距离，想让对方信任你，先要保持"让对方舒适"的距离。在这一点上人和动物其实是相似的。叔本华曾经讲过一个刺猬哲学。一群刺猬在寒冷的冬天相互接近，为的是通过彼此的体温取暖以避免冻死，可是很快它们就被彼此身上的硬刺刺痛，相互分开；当取暖的需要又使它们靠近时，又重复了第一次的痛苦，以至于它们在两种痛苦之间转来转去，直至它们发现一种适当的距离使它们能够保持互相取暖而又不被刺伤为止。

根据叔本华的这一比喻的延伸，人与人之间也应有一定的距离。以日常生活中乘坐公交车为例，如果上车后你发现只有最后一排还有几个座位，走在你前面的一位大爷坐在了中间，旁边还有四个座位，这时，你会坐在哪里呢？一般情况下，你多半会坐在两边靠窗户的座位上，而不会紧挨着那位大爷坐下。这是因为人在潜意识里会不知不觉地和不熟悉的人保持一定的距离。

美国人类学家爱德华·霍尔博士将人类的这种距离关系划分为4种：

1. 亲密距离

这是你和他人交往中的最小间隔，即我们常说的"亲密无间"，其范围在15厘米之内，彼此间可能肌肤相触、耳鬓厮磨，以至于相互能感受到对方的体温、气味和气息；其远范围是15～44厘米之间，身体上的接触可能表现为挽臂执手，或促膝谈心，仍体现出亲密友好的人际关系。

2. 个人距离

这是人际间隔上稍有分寸感的距离，较少有直接的身体接触。个人距离的近范围为46～76厘米之间，正好能相互亲切握手，友好交谈。这是与熟人交往的空间。如果你以陌生人的身份进入这个距离会构成对别人的侵犯。个人距离的远范围是 76 ~ 122 厘米，任何朋友和熟人都可以自由地进入这个空间。不过，在通常情况下，较为融洽的熟人之间交往时保持的距离更靠近远范围的近距离 76 厘米，而陌生人之间谈话则更靠近远范围的远距离 122 厘米。

3. 社交距离

人际交往中，亲密距离与个人距离通常都是在非正式社交情境中使用，在正式社交场合则使用社交距离。这已超出了亲密或熟人的人际关系，而是体现出一种社交性或礼节上的较正式关系。其近范围为 1.2 ~ 2.1 米，一般在工作环境和社交聚会上，人们都保持这种程度的距离。

4. 公众距离

这是公开演说时演说者与听众所保持的距离。其近范围为 3.7 ~ 7.6 米，远范围在 7.6 米之外。这是一个几乎能容纳一切人的"门户开放"的空间，人们完全可以对处于空间的其他人"视而不见"、不予交往，因为相互之间未必发生一定联系。因此，这个空间的交往，大多是当众演讲之类，当演讲者试图与一个特定的听众谈话时，他必须走下讲台，使两个人的距离缩短为个人距离或社交距离，才能够实现有效沟通。

当然，人际交往的空间距离不是固定不变的，它具有一定的伸缩性。生活中，你要关注谈话对象的肢体语言，因为随便进入他人的"亲密范围"，不光会使他对你的信任度降低，还会使他对你的反感加深。

从脚尖的方向看对方是否对你感兴趣

我们在阅读身体语言时，很容易忽略脚尖的指向。似乎脚在地上的摆放位置只是一种天然的习惯，没有更多的深意，所以脚尖朝向也就不值得探讨。实际上，当人类的上身在自身潜意识的作用下发生偏移的时候，他们的下肢也会随着移动。

我们对身体语言的研究通常会重点关注上肢动作，例如手势等。但其实，下肢动作更能反映人的内心，下肢动作也很难撒谎。大部分人在注意了自己的上肢动作后都很难顾及下肢的动作。于是内心最真实的想法就很容易通过下肢动作流露出来。比如他的脚尖就会不由自主的朝向他关注的事物。例如，几个朋友一起结伴到餐馆吃饭，他们围坐在一张桌子旁边。从桌子上方看，他们互相之间都有着融洽和谐的关系。而从桌子下方，则有了不同的场景。另外的几个人的脚尖都朝向了其中的一个人，由此也看出，这个人才是这群人中间的主角，他才是大家的兴趣所在。

因此，如果你在和人交谈的时候，发现他们的脚尖正对着你，这基本可以断定，他们对你和你所说的都非常感兴趣。如果兴趣加深，他们会将一条腿自然伸向你，脚尖也指向你。腿伸向你是脚尖朝向的强化动作，后者只是微微表露了心意，而将腿伸向你则是向你明确的示好。当你与对方谈话时，无论他是对谈话内容还是对你感兴趣，他们都会把脚伸向你，脚尖指向你。反之，如果他们感觉兴味索然，他们就会缩回自己的脚，脚尖甚至指向与你相反的位置。如果你们是坐着谈话，这样的行为更加明显。当他们不想发表谈话，也懒得附和你的意见时，他们就会把脚收回，有时候他们甚至会交扣着脚踝放到椅子下面，呈现出一副封闭式的姿势。

此外，如果你细心观察会发现，人类在行走时，脚尖的朝向会有所不同，也就是我们常说的"外八字"和"内八字"之分，如果排除生理缺陷等原因，这些行走中的脚尖朝向也在一定程度上反映了他们的性格趋势。

如果一个人习惯用"外八字"的姿势走路，也就是脚尖往外偏的幅度很大，表明他会被一些无关紧要的小事所吸引。他有很强的猎奇心理，为了得到更多的信息，他甚至愿意绕道而行，这样的人比较容易敞开心扉，容易接纳新的事物。所以如果你和他交谈，他比较容易对你产生兴趣。

"内八字"使得脚尖朝向里，给人一种可以随时刹车的感觉。如果一个人习惯用"内八字"的姿势走路，表明这人经常犹豫不决，做事小心翼翼。如果他的上身姿势也经常是封闭性的，那么他的内向、拘谨的性格特征就更加明显了。他永远是一副憨实厚道的样子，但这样的人在厚道的外表下，并不显得沉静。他平常留意生活中的细节，事事喜欢按部就班地进行，如果有突发事件发生就会大乱阵脚，而显得手足无措。如果你让他成为被人瞩目的焦点，他甚至会浑身不自在，因为他往往只追求平淡的生活。你和他交谈，他也很难真正对你产生兴趣。

尽管人类用鞋子遮住了双脚，但是它们仍然是有活力的身体部位。当人类的情绪发生变化的时候，双脚能第一时间作出反应。

脚踝相扣，是为了抑制紧张的情绪

作为身体语言的一部分，腿脚的动作细节也在诉说着无声的语言。如果你和别人交谈时发现他的脚踝相扣，这表示他对你持有的否定或防御的态度，他做这样的动作是为了抑制紧张的情绪。

更有趣的是，当谈话对象的脚踝相扣时，他的内心往往会产生"紧咬双唇"的潜意识。由于他内心缺乏把握或者是恐慌害怕，彼此双扣的脚通常会被悄悄地挪到椅子底下，与此相对应的就是沉默寡言的态度。因此，脚踝相扣体现的是一种消极、否定、紧张、恐惧，或是不安的内心情绪。

如果一个人做出脚踝相扣的动作，则表明他在心里极力克制、压抑着自己的某种情绪。比如在法庭上，开庭之前几乎所有的涉案人员就座在各自位置上，他们通常会双腿交叉，呈现出不是很紧张的状态。而在审判的过程中，被审人员为了减轻心中的压力和消除自己心头的恐惧、恐慌情绪，却会将脚踝紧紧地靠在一起。这就无疑显示了他们紧张、恐慌的心理。再如，面试时，如果你留心一下参加面试人员的脚部情况，你就会发现，很多人几乎都会做同样的姿势——把踝骨紧紧锁在一起。这个姿势就泄露了面试者的心理情绪状态，即他们在努力克制自己心头的紧张、压抑、恐慌等情绪。此种情况下，为了帮助面试者控制好情绪，面试官就会暂时岔开主要话题，或者直接走到面试者旁边坐下，以拉近彼此间的距离，从而让其消除心头的压抑和紧张。如此一来，双方就能在一个相对轻松、友好的氛围中进行交流了。

在公共场合中，我们常常看到夹紧双腿、脚踝相扣的人，尤其是那些身着短裙的女性。虽然我们可以从避免走光的角度出发去推测女性紧夹双腿姿势的含义，但实际上，短裙并不是关键的原因。从一些并没有穿短裙的女性身上，你还是可以看见这些动作。比如，她们会忽然把脚踝扣在一起，双膝并拢，两只脚置于身体同一侧，双手并排或是交叠着轻轻放在位于上方的那条腿上。做这些动作其实说明实施者感觉紧张或不安全。当她们感到舒适时，她们会自然地打开自己的脚踝。当然，由于性别的不同，男性在做这一动作时存在一定的差异性。男性在锁定脚踝时，通常还会双手握拳，并将其放在膝盖上。有时，一些男性则用双手紧紧抓住椅子或沙发两边的扶手。但是无论是女性还是男性，这样的动作无疑表明他们正在努力克制自己内心的紧张。

脚踝相扣除了表示一个人在心里进行自我克制以外，它有时也是一种踌躇不决的信号。比如，在谈判的过程中，如果你是个经验丰富的谈判专家，在你看见对方做出踝部交叉的姿势后，你应该感到窃喜，为什么会这样呢？因为这个姿势表明对方心里可能隐藏一个重大的让步，只是他现在心里摇摆不定，究竟要作多大的让步才合时宜。此种情况下，如果你立即向对方提出一系列试探性问题，并采取一切可能的措施，对方会很快改变这种犹豫不决的体式，最终作出较大的让步。

总之，无论是紧夹双腿，还是脚踝相扣，如果有人对你做这样的动作，这都表示他很紧张、焦虑和不安。这些姿势是封闭性的，他没有准备好和你好好交流。你需要做好心理准备，你和他的对立局势可能会延长。

先迈左腿的人感性温和，先迈右腿的人理性强势

科学家研究发现，人的大脑右半部支配着人体左半身的活动，负责管理音乐、声音、色彩、想象等认知，一般被称为感性脑；而左脑则被称为理性脑，它支配着人体右半身的活动，负责理性思维、分析、文字、推理、判断等面向。而右脑左脑何者占优势，则明显表现在我们的肢体动作上。

以走路时迈腿这个动作来说，习惯先迈左腿的人，通常是右脑（感性脑）为主导，他们的肢体动作较温和，他们善良、热情、比较有耐心，会主动帮助别人；而习惯先迈右腿的人，以左脑（理性脑）占优势，他们的动作较强势，凡事重逻辑，遇到事情倾向于反复思考、比较后再作决定。

小林在一家超市卖保暖内衣。这一天，来了个女孩。她跨出左腿，兴冲冲地奔向保暖内衣展柜，拿起保暖内衣的手也是左手。这一切都被小林看在眼里，她没有急着介绍产品的质量，而是说："这个衣服是灰太狼的图案，穿上很有活力。"得知女孩是给自己的男朋友选内衣，小林又提议女孩选个情侣款，她说："你穿上红太狼的衣服，既有趣又温馨，还能让你男友体会到你的爱……"最后小林一下子卖出了两件高档保暖内衣。小林很关注购物者的身体语言，她总是变着法地猜透购物者的心思。这不，又来了个老大妈，她冷静地站在内衣展柜前，用右手翻看着内衣的标签，她的双脚交叠，右脚在上。小林面带微笑地走过来，说："这件衣服是百分百纯棉的，如果大小不合适，我们包退包换。"

从例子可以看出，小林是个成功的导购，她关注购物者的身体语言，并且会随机应变地应用到销售技巧里。她看准了哪些人需要感性诉求，哪些人需要理性说服，这样的技巧使她屡试不爽。其实，生活中还有很多鲜活的身体语言向我们展示了左右脑主控下的惯常动作的含义。现在，让我们一起来看看吧！

1. 浪漫的左撇子，健忘的右撇子

如果你的交流对象是个左撇子，你可以感受到他的浪漫。惯用左手的他很容易接受抽象概念，他容易受到影像、声音、人物的影响，大脑的注意力广而分散。他的记忆力也不错，在听你说话的时候他甚至能把你的话前后对比，来确信你是不是前后矛盾，所以有人说不要欺骗左撇子。能让左撇子感兴趣的事，大多是感性或图形化的，他喜欢心灵相通的浪漫情境。反之，如果你的交流对象是个右撇子，即惯用右手的人，你会感觉到他很理性，他很注重逻辑性，他甚至会专注于你所说的每一句话，以便于细细推敲你的话。由于他的用脑特点是将看到或听到的信息、画面等，以理性方式记忆，所以相当花时间。例如，他看到一瓶橙汁时，会这样转换："这是一个透明的塑料瓶，有 500 毫升，装着有果肉的橙汁。"由于他的记忆容量不大，所以他的记忆力不好，有时甚至有严重的健忘。

2. 感性的左腿翘，理性的右腿翘

如果你和他人正在交谈，你发现他两腿交叠，左腿在上方，即左腿翘。你要理解，他更喜欢你在谈话中说点感性的话语。例如："我们今天能碰在一起真有缘啊！""你看过动画片《蜡笔小新》吗？"……这些话题往往能引来他的滔滔不绝。反之，如果对方的右腿在上，即右腿翘，他往往会希望你能多说一些理性分析的话题。

他对数字比较敏感，也习惯用刻板的印象来判定事物，很容易产生先入为主的观念。

总之，在与人交流中，熟悉了人的左右脑主控下的惯常动作，我们既可以了解先迈右腿的人理性强势的一面，也可以用语言唤起左撇子感性的一面。这些习惯的动作往往是他们潜意识里最原始、最深层的想法。

用一条腿支撑身体的重量，表示想告辞了

双腿远离头部，人们对它们投入的注意力往往很少。殊不知，人的腿部动作是丰富的信息源，能够泄漏出人们内心的秘密。想象一下，如果你是个十分健谈的人，你正对朋友滔滔不绝地描述最近一次出国的经历，而他要赶着参加一个同事的婚礼，你兴致正起拉着他不放。你能猜到他会是什么姿势？是的，他会做出"稍息姿势"，即把身体的重心放在一条腿上，这是一种意图线索，表明他想要告辞了。

用一条腿支撑身体的重量的姿势有助于我们判断一个人当下的打算，因为休息的那条腿，脚尖所指的方向，往往是离他最近的出口位置。如果你在和他人谈话时发现，他改用了稍息姿势，那就表示他想结束谈话，他要离开了。

除了稍息姿势，还有其他的身体语言表明谈话者想终止谈话、想要离开的意愿。

1. 起跑者的姿势

起跑者的姿势也传达出想要离开的愿望。表达这种愿望的肢

体语言包括身体前倾，双手分别放在两个膝盖上，或者身体前倾的同时两手分别抓住椅子的侧面，就像在赛跑中等待起跑的运动员一样。这时你如果注意观察他的双脚，通常是两腿前后分开，一只脚前脚掌着地，脚跟高高抬起。在你和别人交谈的过程中，只要你看到他做出这样的动作，这就是他想要离开的标志。他的身体分明在说：预备，脚踩在起跑线上，我要告辞了……

2. 两腿不停地换边

这种情形在开会时常见，通常他们的腿是交叠的，不停地换边，一会儿这条腿压在了那条腿上，一会儿又按照相反的方向重复交叠，看起来有点像"尿急"的感觉。这是他们想要赶快结束，着急离开的标志。

3. 两腿交叉，手脚打拍子

两腿交叉和着手脚的拍子，显出了他们的焦急，他们的身体语言分明是向你表明：快点吧，快点结束吧，我要走了，再不快点，我要逃遁了。

总之，很多时候人们出于礼貌不会直接说想要离开，但他们的腿部语言不会说谎，如果你看不懂他们身体的这些"明示"，很可能会被归类在不识相的一族里！如果你发现对方这些硬撑下去的动作，那你要识趣一点，他们是要告辞了。

走路连蹦带跳的人，往往纯真活泼

走路连蹦带跳的人，一般都是纯真无邪、有小孩子性格的人。他们的天真无关乎年龄的大小，总会保留着一些小孩子的特质。他们时而顽皮、时而任性、时而率真、时而伤感。他们一般不会隐藏自己的心思，有什么心事都会流露于外表。

走路连蹦带跳的人，一般性格比较外向、开朗热情。待人方面，他们热情诚恳，率性自然；做事方面，他们光明磊落，胸怀坦荡。即使是女性也有着一副侠义心肠。如果你和他们做朋友，绝不会感到疲惫，无时无刻你都会感受到他们的真性情，在交流与沟通上不会有障碍。所以，他们的人缘很好，一起谈心、聊天的朋友也很多。

走路连蹦带跳的人，一般是手舞足蹈、一步三跳且喜形于色。有时候人们有这样的反应，也有可能是听到了某种极好的消息，或得到了意想不到的盼望已久的东西。他们城府不深，不会隐藏自己的心思，有时候他们也很喜欢表现自己，常常希望得到别人的赞扬和关注，希望自己成为朋友圈子里的核心人物。如果能有一些"抛头露面"的活动，他们一定会乐于参加并十分热衷。比如一些舞蹈比赛、唱歌擂台，他们都会兴奋地参与，并且不会扭扭捏捏的，会十分放开。他们知道如何取悦和打动观众和评委，通常能成为最后站在领奖台上的人。

不过，你不要以为他们没有什么心机就去招惹他们，当他们要小孩子脾气时，会十分难缠，他们可能会任性地大哭大闹，不分场合，也不会考虑怎么给你台阶下来。在他们的印象里，没有什么应该不应该，他们会完全随着性子来，情绪来了谁也挡不住。

生活中，不管是在拥挤的人群当中，还是在人迹罕至之地，我们还会遇到另外一种人，他们不光喜欢蹦蹦跳跳地走路，有时候还习惯横冲直撞。他们不管上面有多少人，一律长驱直入，而且从来不顾及他人的感受。一般来说，这样的人性情急躁，办事风风火火。

他们多少也带一些孩子气，一般比较坦诚率真，喜欢结交五湖四海的朋友，讲义气，不会轻易做出对不起朋友的事。

所以，当我们看到有谁走路连蹦带跳时，甚至横冲直撞，便可知道这有可能是个有着小孩子性格、比较任性、率真，不会隐藏心思的人。

走路文气十足的人，不会轻易动怒

文气十足的人走起路来不疾不缓，双足平放，双手轻松摆动，不会忸怩作态，步态斯文，极富教养。这些人通常性格温顺，胆小怕事，没有远大的理想，保守而近乎顽固，他们一般不思进取，对未来不抱什么美好希望，喜欢平静和一成不变，所以总是原地踏步和维持现状。但遇事沉着冷静，不轻易动怒。

走路文质彬彬的人，他们在面对困难的时候，能够保持头脑的清醒。他们不希望自己被带进任何有感情色彩的世界里，他们相信自己的理智，不希望被感性的东西左右自己的判断力和分析力。在别人面前，他们总保持着理性和自控的姿态，因此能受到别人的尊重。对待别人的夸奖，他们可以欣然接受，但不露声色。他们平时的言谈举止都会尽量温文尔雅，做事小心谨慎，绝对不会留给别人一种粗俗不堪的印象。

一般来说，以这种姿态走路的女性多属于贤妻良母型。她们喜欢顺其自然，没有过高的追求，多喜欢相夫教子；而走路文质彬彬的男性则非常稳重，他们有时候也会觉得自己戴了面具，感觉很累，但为了保持自己的尊严和一贯的礼貌，他们很难在人前哈哈大笑。

如果让他们不去关注礼节，那简直会要了他们的命。在人面前，他们习惯对自己的身体形态进行严格的控制；在独处时，他们却感到孤寂、压抑。他们收获了人们的敬畏，也了解了人情冷暖。这样的人还十分关注别人对自己的评价，他们十分注意保持尊严，对待自己的一言一行都十分严厉，不允许出现半点差错和放松，希望自己的一举一动都可以成为他人的榜样。具有相当坚强的意志力和高度的组织能力，对生命及信念专注固执，不易为别人和外部环境所动。

　　总之，走路文气十足的人总给人彬彬有礼的感觉，即使是走路，他们也会关注自己的手足协调性。他们待人礼貌，遇事不争执，也不会轻易动怒。因此，这样的人适合主持行政工作。有地位、有身份，这往往是他们全力追求的目标。

第五章
身体姿势传达舒适与不适的信号

坐姿开放的人其实心中早有定见

家里来了客人，我们首先要请客人"上座"。殊不知，小小的坐姿却有着大学问，一个人的坐姿，由于是从小到大习惯的累积，从而可以看出一个人的性格和情绪。坐姿多种多样，有的人是不管何时都端坐直立；还有些人身体前倾，靠近桌沿；有的人则是全身后靠，双腿叉开；有些人会小心翼翼地坐在椅子前部；有的人将屁股全坐在椅子上，还有人干脆是悠闲地半躺在椅子上……这些坐姿都是判定他们心情的可靠依据。

在很多商业活动中，经常可以看见这样一幅场景：西装革履的买方远离卖方，后靠在椅子或沙发上，双腿叉开，一副舍我其谁的样子。听着卖方在那不厌其烦地做着推销，看着卖方诚恳的笑容，他似乎胸有成竹，于是稍微咳了一声表示自己不准备买或接纳卖方提供的商品。由此可见，双腿叉开的坐姿展现的是开放、支配的态度，坐姿开放的人往往心中早有定见，他一般不会认同你的观点，只会相信自己。开放的坐姿也常见于领导身上，这表示对方自认占了上风。他们往往会尽量将身体往后坐，"怎么舒服怎么来"，这也表明他们较自信，处事冷静，不会轻易地改变决定。叉开的双腿表明他们乐于交谈，他们很外向，乐于听听你的想法，但是并不代表他们可以轻易接受你的意见。

有时候，与人交流是没有硝烟的战争，如何读懂他人？取得他人的信任？看似随便的坐姿，好像是无心的臀部与椅子的接触面积，往往都可以帮助我们解读出他人的性格和心理状态。让我们看看其他的坐姿传达出的信息吧！

1. 坐姿端正直立的人小心翼翼

这类型的人往往小心翼翼、有条不紊、精力充沛。你会感觉他们就像是上足了一天的发条一样紧绷，毫不松弛。这样的坐姿也是礼貌和防卫的，他们没有对你完全开放。与之交流，你需要留给他们一点空间，让他们思索。

2. 坐姿封闭的人疲累抗拒

如果你的交谈对象把全身都后靠在沙发上，并且双腿并拢。这是他疲累抗拒的表现，这种封闭的坐姿表明对方还不认可你的话，他想搞清楚一些状况，但是没有头绪。他尝试着用舒服的姿势和你继续抗拒。

3. 全身歪一侧的人心中不满

交谈中你会发现，有些人坐着坐着，全身就歪向了一侧，他们将身体重重地靠在沙发扶手上，这是他们心中对你极度不满的表现。他们往往是对你谈话的内容感到不耐烦，觉得你浪费了他们的时间。有的时候，这样的姿势还会配合着手掌撑着下巴，有时会握拳，这都表明他们听累了，听烦了。这类人喜欢新鲜感，如果你的说词没有新鲜感，他们会直接表明不想再听。

4. 身体前倾贴近桌沿的人马上投降

如果你的谈话对象出现身体前倾，上身贴近桌沿的身体语言，这表明他正全神贯注地聆听你的话，脑子里正高速地思索着你提出的问题，并且你已经快打动他了。他也许也有点想拒绝，但是找不到说服自己的理由。

5. 浅坐椅子的人小心翼翼

有些人即使是在熟悉的环境里坐着，也会像当兵一样只坐椅子的前三分之一。这类人通常在生活上严谨、规律，但欠缺精神上的安定感。与这样的人交往，你会发现，他总是无意识地表现着弱于你的劣势。对于持这种姿势而坐的客人，如果同他谈论要事，或托办什么事，还为时过早，因为他还没有定下心来，好像随时都会逃跑一样。

6. 坐满椅子的人信心十足

有些人在接触到椅子后，会尽量后坐，臀部占满椅子的所有面积，两手放在肚脐的位置。这类人往往信心十足。他们坚毅果断，一旦考虑了某事，会立刻行动。他们的独占欲望很强，你和他交流之后会发现，他甚至会干涉你的想法。

7. 半躺椅子上的人怡然自得

如果你的交谈对象半躺在椅子上，双手抱于脑后，摆出一副怡然自得的样子。你可以肯定他朝气蓬勃、积极热情，豪爽奔放，他干任何职业仿佛都得心应手。但他比较自负，好学却不求甚解，做事比较急躁。

总之，了解一个人身体坐姿的含义，除了可以帮助你和对方进行顺畅的交流外，还可以让你更快地走进他人的内心世界。

蜷曲身体睡觉的人压力重重

睡眠几乎占去了人一生 1/3 的时间，人在睡眠的过程中是潜意识最容易浮现的时候，因此睡姿也是一种无声的语言，可以看出一个人的性格和心理，对身边亲密的人，我们可以通过其睡姿对其作更深入的了解。医学上的研究也表明，一个人的睡姿与其心理、生理状态有不可忽视的联系。

雯雯近来工作不顺利，她每天工作到很晚才睡，而领导又给了她很大的压力。最近，丈夫发现她的睡觉姿势与以往有了很大不同，从习惯仰睡变成侧身蜷缩，有时下巴和膝盖几乎要靠在一起了。细心的丈夫询问做心理医生的朋友，朋友告诉他蜷曲身体睡觉的人往往感到压力重重，可能是雯雯最近遇到了困难。

从例子中可以看出，雯雯蜷曲的睡姿仿佛把身体的内脏部分掩藏起来，这样的姿势在心理上给人以一种安全感。繁重的工作压力让雯雯内心充满了焦虑和担忧，所以即便在睡梦中也出现了强烈的自我保护意识，把自己包裹起来。

蜷曲的姿势与婴儿在母亲子宫中的姿态很相似，对压力重重的人来说，这样的姿势有着充分的安全感和舒适感，借此可以缓解内心的重负。如果你接触这类人，你会发现，他们往往缺乏安全感，正在遭受压力的折磨，他们的独立意识比较差，渴望得到保护。对某一熟悉的人物或环境总是有着很强的依赖心理，而对不熟悉的人物和环境常常感到有压力。他们喜欢一种平静、安稳的生活。

除了蜷曲身体的睡姿外，还有一些其他的睡眠姿势也同样传达出丰富的信息。

1. 俯卧：自信而有能力

采取俯卧式睡姿的人，大多具有很强的自信心，并且能力也很突出。在大多数情况下，他们都能很好地把握住自己。他们对自己有非常清楚的认识，知道自己是谁，也知道自己该做些什么。对于所追求的目标，他们的态度是坚持不懈，有信心也有能力实现它。他们随机应变的能力比较强，知道如何调整自己。另外，他们还可以很好地掩饰自己的真实感情，而不让别人看出一点破绽。

2. 侧卧：随心而知足

脚、小腿、膝和脚踝部位完全重合且保持侧卧姿势的人，他们在生活中善于处理各种关系。他们能尽量按照他人的要求去做，因而能获得人们对他们的好感。喜欢侧卧的人常是个漫不经心的人，不能说这种人对生活不投入，但很多时候他们会当一个生活的旁观者，或许他们只是在游戏人生。他们属于情绪型的人物，总是处在情绪的波动之中，做事情时感情色彩对他们的影响比较大。不过他们也有自己的长处，能很快忘记刚刚遇到的不快，而重新干自己的事。你能和这种人和平共处，和他们打成一片。

3. 靠边式：不善于维护自己的权利

这种人不善于维护自己的权利或坚持自己的主张，而且他们的理智常否定他们没有依据的感觉。他们常觉得财产和朋友就要被别人抢走了，但理智上知道事实并不是这样。如果你和他们成为朋友，你会很累。他们看到你升迁或进步，会感觉到威胁，但却安于现状，不会奋起直追。

4. 握拳而睡：自我防卫意识强烈

握着拳头睡觉的人比较少，但也并非没有。这种人在睡觉时握着拳头，仿佛随时准备应战，这是心理比较紧张的一种表现。这一类型的人如果把拳头放在枕头或是身体下面，表示他正试图控制这种积极的情绪。如果是仰躺或是侧着睡觉，拳头向外，则有向别人示威的意思。与他们接触，你会发现，他们的性格多数是脆弱的，很难承受某种伤害。他们会对你比较冷漠、内敛。

5. 仰睡：快乐大方

喜欢仰睡的人多是十分快乐和大方的，在儿童时代通常是家庭中关怀和注意的中心。他们有安全感、自信心和坚强的性格。他们为人比较热情和亲切，而且富有同情心，能够很好地洞悉他人的心理，懂得他人的需要。他们性情坦率，乐于助人，也乐于接受别人的帮助。在思想上他们是相当成熟的，对人对事往往都能分清轻重缓急，知道自己该怎样做才能达到最好的效果。他们的责任心一般都很强，遇事不会推脱责任而选择逃避，他们对一切事没有任何借口，而是勇敢地面对，甚至是主动承担。如果你和他们接触，你很容易就接受他们、尊敬他们。他们对各种事物能够作出准确的判断，也会为自己营造出良好的人际氛围。

低头耸肩的人，胆怯恭顺

当一个人低下头，眼睛看着地面，不让别人看见他的脸，也不去看任何人的脸，他一定是处于某种消极的情绪当中，有可能是沮丧，也可能是害怕，甚至也有可能是在表达不满。低头这个简单的动作在不同的情形下可以表达完全不同的含义。

1. 不自信地低下头

经常做低头耸肩动作的人内心缺乏自信，并且不想引人注意。倘若让他看到一群不太熟悉的同事在一起谈话，经过他们的时候，不太自信的人则会不自主地缩紧脖子，努力让自己显得更弱小和不太引人注意，期望对方不要注意到他。反之，如果是自信度高、爱表现的人，这个时候他会昂首挺胸地走过去，希望对方注意到他。如果对方没有留意到，他也会主动打招呼。而在会议上，不想发言的人也会在老板用视线巡查时低下头，为的是避免和他视线相交而引起他的注意。

2. 自我保护

关于低头耸肩的自我保护意味，你可以看看这样的情形。比如一群孩子在自己居住的小区里踢足球，当有人走过他们的时候，孩子突然喊道："当心，看球。"这时，即便是并没有看到有足球朝自己飞过来，很多人也会下意识的把头低下，缩在两肩之间。因为他们希望利用这样的姿势来保护头部，以及柔弱的脖子和喉咙避免球的撞击。大部分人在潜意识里都清楚这个动作的保护意味，所以当他们可能受到外界攻击时就很容易做出这个动作，就像鸵鸟遇到危险会低下头，将头埋在沙子里一样。

3. 低头表示恭顺

老板指着报表上的一个数字问秘书小可，"你觉得出现这个数字可能吗？"小可看了看，发现自己犯了一个低级的计算错误，她把头深埋下去。老板心软了，于是说："下次注意。"

这个低头耸肩的动作也经常见于女性身上，而且以年轻的女性居多。她们大多性格温柔而恭顺，在遇到障碍、挫折，或者难堪的状况下时就会做出这个动作。就像情境再现中的小可，当发现自己犯了错误时，因为羞愧，加上害怕老板的苛责，她便做出了这个动作。这样的动作也使得她显得娇弱，这也是一种潜意识中的祈求怜悯的动作。

4. 低头的消极抵抗意义

低下头可以表示恭顺，有时也可以表示一种消极的抵抗。比如发表讲话时，如果对方不看你，并且低下头，这并不是说明他被你打动了，而是很有可能他很不认同你的话，只是不想直接表达出来，所以用这个动作来消极抵抗。此时，压低下巴的动作意味着否定、审慎。如果他还有其他封闭性姿势，比如交叉双臂，或者双手紧握，那么这种意味就更明显，有时甚至是攻击性的暗示。

人们的低头动作与批判性的意见的形成之间也是互为因果的，所以，只要面前的人不愿意把头抬起来或者向一侧倾斜，你的观点几乎就没有打动他的可能。有经验的会议发言人会在发言之前采取一些手段，让台下的观众融入和参与到会议的议题之中。比如用屏幕展示一些视觉性资料，让大家都抬起头。从而给内心以潜移默化的积极暗示。

下意识的小动作，传达或自卑或自信的情感

同事为小雷介绍了女朋友。两人第一次见面时，小雷比较拘谨，说话行事都反复拿捏之后再进行。一段时间以后，两人进展得很顺利，小雷也越来越放松。说话时开始像往常一样"手舞足蹈"，

加上很多配合动作。比如拍手、摊开手掌、用手指指指点点。这些动作让女友很反感，几次表达不满。小雷很无奈，这种下意识的小动作怎么控制得了？

有些人与人谈话时，只要一动嘴，一定会有一个手部动作，摊双手、摆动手、相互拍打掌心，等等，好像是对他们说话内容的强调。这样的人通常做事果断、自信心强，习惯于把自己在任何场合都塑造成一个领导型人物，自信乐观，很具有一种男子汉的气派。但是也容易让人觉得他控制欲强，喜欢掌控别人。而情境再现中小雷的表现就让女友感到了压迫感。这些小动作从一定程度反映了小雷有点大男子主义的个性，所以如果女友不是那种顺从型的女性就比较反感了。

每个人的举手投足都反映了其心态和性格。所以，大家可以通过一个人的一举一动看透其内心，因为出自无心和习惯，所以更能真切地反映一个人的内心和个性。现在就让我们一起来看看人们那些"下意识小动作"。

1. 时常摇头晃脑

平常生活中人们经常看到"摇头"或"点头"，以示自己对某件事情意见的肯定或否定。但如果你看到一个人经常摇头晃脑的，那么你或许会猜测他不是得了"摇头病"，就是神经不正常。

我们撇开这种看法而从另一个角度来看的话，这种人特别自信，以至于经常唯我独尊。他们也会请你帮他办事情，但很多时候你办得再好他都不怎么满意，因为他有自己的一套，他只是想从你做事的过程中获取某种启示而已。他们在社交场合很善于表现自己，却时常遭到别人的讨厌，对事业一往无前的精神倒是被很多人欣赏。

2. 拍打头部

拍打头部这个动作多数时候的意思是在向你表示懊悔和自我谴责，他肯定没把你上次交代的事情放在心上，如果你正在问他"我的事情你办了没有"，见他有这个动作的话，你也不需要再问了。

时常拍打前额的人一般都是心直口快的人，他们为人坦率、真诚、富有同情心，不过有时候他们有些自卑。在"耍心眼"方面你教都教不会他，因此，如果你想从某人那儿知道什么秘密的话，这种人是最好人选。不过这并不表示他是一个不值得信赖的朋友，相反，他很愿意为他人帮忙，替他人着想。这种人如果对你有什么得罪的话，请记住，他们不是有意的。

3. 边说边笑

与这种人交谈会使你觉得非常轻松和快乐，他们不管自己或他人的讲话是否值得笑，有时候连话都还没讲完他就笑起来了。他们也并非是不在意与别人的交谈，我们只能说这种人"笑神经"特别发达。

他们大都性格开朗，对生活要求不太苛刻，很注意"知足常乐"，而且特别富有人情味，也相当自信。无论走在什么地方，他们总会有极好的人缘。这对他们开拓自己的事业本来是极好的条件，可惜这类人大多喜爱平静的生活，缺乏一种乐观向上的精神，否则，他们最容易获得成功了。

4. 走角落

十有八九，这种人属于自卑型。他们参加各种会议或聚会，总是找个最偏僻的角落坐下，不过要排除那种昨天通宵达旦，今天想找一个不易被人发现的角落打瞌睡的人。

喜欢走角落的人性格大都有比较怪异的一面。如果说他无能，他绝对会做一件你认可的事给你看看；如果说他行，他却非常谦虚；大家都说某件事情不能做，他偏要去试试。这类人最不习惯的是让他拜访年轻女性，他要站在门前给自己鼓足很大的勇气才敢敲门。因此，调动这种人工作积极性唯一的办法就是给他们表扬，让他们感觉到自己还是有很多长处和优点。

5. 抹嘴、捏鼻子

这种动作略嫌不雅观，不过还没到有伤大雅的地步。习惯于抹嘴或捏鼻子的人，大都喜欢捉弄别人，却又不敢"敢作敢当"，他们喜欢捉弄别人却往往害怕被人捉弄。有时候他们有些自卑的情绪，但大多数情况下还是开朗乐观的。他们的唯一爱好是"哗众取宠"，眼见你气得咬牙切齿，他们却在那儿高兴得手舞足蹈。从这方面来讲，不妨认为他们有点过分。

这种人最终是被人支配的人。别人要他做什么，他就有可能做什么。如果他们进百货店或者商场，售货员最喜欢的就是这种人。也许他根本什么都不准备买，但只要有人说"先生，这件可以的"，他就会买下。

腰挺得笔直的人，警觉度很高

冷气充足的办公室里，新上任的王经理坐在办公桌前翻阅文件。他的腰挺得笔直，后背绷得紧紧的。这样的坐姿坚持一天，下班时他觉得浑身酸软。回到家里，往沙发上一坐。整个身体就陷进柔软的沙发中，腰背臀都彻底地放松了下来。这样的姿势转换，上班族们都不会陌生。在工作场合中的全身紧绷与回到家里后的全身松弛有着天差地别。为什么会有这样的差别呢？因为腰臀与人的警觉度存在着联系。

　　在工作场合中，人们为了应付繁重的工作，会把精神调整到高警觉状态，以便随时应对突发状况。精神语言很自然地传达到身体，于是身体保持了一个"预备"姿势，挺直的后背与紧绷的腰臀都处在"蓄势待发"的状态。我们可以回忆我们的祖先在野外狩猎的情形，他们紧盯着猎物，全身紧绷，随时准备发动攻击。而起跑线上的运动员也是如此。双手撑地，脚尖蹬地，只等着发令枪响，他们就能即刻冲出去。这些状态都与我们在工作中的状态类似，这也就可以解释为什么我们会如此地警觉。

　　而当我们把一天的工作完成，回到家中时，这个情形就完全改变了。家是每一个人心灵的港湾，你在这个地方拥有最大的安全感。所以你的大脑暗示你，一切都是安全的。既然不需要应对外界的危险或者突发状况，你的身体也就无法进入到待命状态了。所以彻彻底底地放松下来。

　　然而，这种放松并非弱势的表现。一般的想法是，当你全神贯注，充满警觉时，你应对外界的能力也会增加，也就是说挺直的后背和腰臀代表了一种强势，放松状态的人自然就是弱势了。可是实际上，研究表明，在双方的会面中，处于弱势的却是保持高警觉状态的人，有些时候甚至是有求于人的一方，而优势地位常常在放松腰臀的人这一方。

　　这些例子会让你更清楚地了解这一点。比如员工向老板汇报工作，通常是老板潇洒地坐在他的"老板椅"上，双手搭在扶手上，一幅很舒服的姿态；而员工则直直地站在一边，随时等待着老板的盘问。或者上门的推销员和他的顾客之间，也能看到这种姿势对比。

　　会面的双方应该都很清楚双方的地位，优势者的放松可以算得上是一种显摆。他清楚地知道对方对他没有威胁，并且故意做出舒适的模样，仿佛是在对对方说："即便不是最佳状态我也能应对自如。"而处于劣势地位的人用紧绷的身体来表达一种重视会谈的意思，他刻意地让情况显得正式化，希望引起对方的重视。

拖着脚步的人需要你付出关心

　　人的走路姿态会泄露他的情绪和性格秘密，步调缓急、脚步大小都很容易受到情绪的影响。细心观察会发现，你的身边有很多人会拖着脚步走路，他们垂头丧气，带着一脸的绝望，他们有时也会低着头、双手放在口袋或环抱胸前。如果他们是你的同事，而你又听到老板在办公室里咆哮，不用说，看他们从老板办公室走出来的样子，你就会知道同事一定是被狠批了。

　　沮丧、失落、失败，这些不幸的语言通通可以用在拖着脚步走路的人身上。这些人很常见，那些股票投资失败的、生意失败的，还有生病的老年人，他们走路都是拖着脚步的，两条腿显得分外深重。其实，这样的走路姿势只是在向你求助：我很绝望，请帮助我！他们需要的正是你的关心。

　　事实上，人的行走姿势除了和情绪相关外，还和思维存在着密切的联系。例如，当我们在讨论问题或者思考问题时，很多人习惯在房间里走来走去。此时的行走并没有什么确定的目标，只是摆动着步子左右挪动，但很多人认为这样的姿势可以帮助他们思考。研究身体语言的学者赛弥莫尔肖认为，人要是随着心脏跳动的节奏来回走动，就能够在和谐的运动中获得新的启示，还可以同时对其进行处理。

行走姿势反映一个人的情绪状态和思维活动，内心所想影响着人的行走姿势。就像我们恐惧时会说，"我简直被吓得腿脚发软"，情感的虚弱是会导致肉体上的虚弱的。通过观察，我们是可以通过一个人的脚步幅度和频率接收到他内心传达出来的秘密。现在，就让我们来看看不同的脚步所反映出来的人的性格和情绪吧。

1. 大而急促的脚步

在公交站、地铁站那些赶去上班的人身上，在急于赴约的人身上，你可以清楚地看到大而急促的脚步。他们甚至一脚跨多层的台阶，或者大步流星从你身边穿过。这些都表明他们此刻内心充满焦急，他们在为某事着急，并急于解决这件事。

2. 小而平缓的脚步

小而平缓的脚步通常配合着放松的脸部线条，他们或沉思，或微笑。这表明对方正在思索，他们内心平静，或者他们只是在思考工作中未解决的问题。这时，如果你不小心碰到了他们，或许他们会和你道歉，因为他们多半沉浸在自己的思维世界里。因此，这种脚步常见于下班的人群。

3. 小而轻快的脚步

当看到那些略带跳跃、小而轻快的脚步时，你是不是也会产生一种心情轻松的共鸣？这样走路的人往往面带微笑，轻哼歌曲，他们心情放松，充满愉悦。你从他们身边走过，也会不由自主地感染到他们的愉悦情绪。如果你和他们交谈，一定会彼此满意，这将是一个良性的环境氛围。

站姿，传递一个人的心理信号

姿势一般反映的是个人对自己和他人的看法，站姿也是如此。如果仔细揣摩你就会发现，即使是通过站立这种简单的动作，也能分析一个人的心理信号。

曾有位美国心理学家拍摄了大量的影像资料，经过反复研究分析，证明通过观察人们不同的简单站立动作，能捕捉到丰富的信息符号。

1. 标准立正的站姿

这类站姿是较为正式的姿势，两脚并拢，自然站立，不表达任何去留的倾向，但多展现服从的情绪。例如，学校的学生们在跟老师说话时，公司的下级向上级汇报工作时，常采用这个姿势。经常使用此类站姿的人，性格一般比较温和，不容易对他人说"不"。在工作中，他们踏实但缺乏开拓和创新精神。每当开会时，他们还会利用同样的姿势表示"不置可否"。他们容易满足，且不争强好胜，只是在感情上有些急躁。

2. 弯腰驼背的站姿

站立时弯腰驼背的样子，说明这个人承受着很大的压力，他们缺乏自信，有自我防卫、封闭、消极的性格倾向，或者说他想逃避某种境况或者整个生活，不想承担某种风险和责任。这也暗示着他的心理上正处于弱势，具有不安或者自我抑制的特点。

3. 双腿交叉型站姿

这类站势是指人们在站立时，双腿交叉，有的人会同时交叉双臂。这是大多数人在身处陌生的环境时下意识的一种反应。所以，发出动作者有些拘谨。另外，和较熟悉的朋友一起谈话时，若有人以这种姿势站立，也暴露了他的拘束心理，或说是一种缺乏自信心的表现。所以，经常使用这种动作的人，表明了他拘谨、保守，缺乏自信，不喜欢展现自己的性格特征。

4. 自信型站姿

这类站势是指站立时，挺胸、抬头、两腿分开直立，像一棵松树般挺拔。一般具有这样站姿的人都自信且有魄力，做事雷厉风行，并且往往很有正直感、责任感。通常男性多有这样的站姿，非常受女性喜爱。

5. 思考型站姿

这类站势是指双脚自然站立，双手插在裤兜里，时不时地取出来又插进去，就像是在思考着什么。具有这类站姿的人一般比较小心谨慎，思前想后。在作决定时容易犹豫不决，不知如何是好。工作中，他们一般缺乏主动性和灵活性，不会有效率地进行工作。如果在交谈的过程中，有人摆出这种站姿，也表示他有话要说。

这种人在感情上，非常忠贞，从不轻易玷污。他们喜欢幻想，常常会构思未来，也因此不愿面对现实和承受逆境，是一个心理脆弱的"理想主义者"。

6. 攻击型站姿

这类站姿指的是将双手交叉抱于胸前，两脚平行站立。经常做出这样站姿的人，通常性格叛逆，具有较强的挑战意识和攻击意识。

他们无论是在工作还是生活中，都喜欢打破传统的束缚。他们比别人更敢于表现自己，通常创造能力能发挥得更充分。

7. 靠墙式站姿

靠墙式站姿指的是站立时有靠墙习惯的人，他们多半是失意者，对外界缺乏安全感，容易依赖外力来保护自己。他们个性随和、坦诚，容易与人相处，因此也很容易受到别人影响。

每个人不同的站姿对其精神和心态都有集中的体现。注意观察对方的站姿，也是我们增进对对方了解的一个有效的途径。

坐姿，反映一个人的内心情感

身体语言学家指出，人的身体是一个奇妙的信号发射台，每一个动作都将构成丰富多彩的身体语言。而坐姿也是人类身体与外界沟通的一种途径，它反映出一个人的内心情感。

坐姿通过有意识或无意识的变化，向外界发送思想、情感信息，从而解释人的心态、个性，以及一些观念。通过坐姿，你可以了解他人。

1. 喜欢端正的坐姿

习惯将两腿和两脚跟紧紧并拢。把手放在膝盖上、坐姿端正的人，通常性格同姿势一样，性情谦逊温顺，为人正派，性格内向。他们对自己的感情非常敏感，隐晦极深，就算与喜欢的人相对，也不会说出太甜蜜的言语。他们秉性纯挚，善于为他人着想，所以很有人缘。

2. 喜欢古板的坐姿

入座时，将两腿和两脚跟靠拢在一起，双手交叉放在大腿两侧。

由于双手交叉是相对封闭自己的手势，所以这类坐姿的人为人刻板，很难接受他人的意见。他们缺乏耐心，容易厌烦，凡事都想做得尽善尽美，但往往没有能力完成。他们爱夸夸其谈，缺少实干的精神。

对于爱情和婚姻，他们的观点都较为传统，会根据自己构想的"模型"来选择伴侣，并在恋爱后会很快进入婚姻的殿堂，他们遵循的理念是中国传统的"早结婚、早生子、早享福"。

3. 习惯于腼腆的坐姿

在坐着的时候，两膝盖并在一起，小腿随着脚跟分开呈"八"字形，两手相对，夹在膝盖中间。这类坐姿的人非常害羞，不擅长社会交际，他们感情细腻，却不会表达感情。

工作中，他们是保守的员工，习惯运用陈旧的经验作依据，没有创新和突破的能力，容易因循守旧。在生活之中，他们对朋友十分友善，有求必应，感情真诚，每当朋友有需要，立刻就会出现。他们对待爱情的态度则较为压抑，常受到传统思想的束缚，被家庭和社会的压力所累。

4. 坚毅型的坐姿

入座时，将大腿分开，两脚脚跟并拢，两手习惯于放在肚脐部位。这类坐姿的人有勇气、有魄力、有行动力，一旦考虑了某件事情，就会立即采取行动。这一点在爱情上也同样明显，他们若对某人产生好感，就会积极主动地说明自己的意向。不过，由于他们独占欲极强，不自觉地就会干涉恋人的生活。

这类坐姿的人属于不断追求新生事物、挑战自己的人，他们适合担当领导，具有权威性，并能用自己身上的气势威慑他人。

5. 怡然自得的坐姿

怡然自得的坐姿是指半躺而坐，双手抱于脑后，一副悠闲的样子。他们个性随和，喜欢与他人攀谈，与任何人都能打成一片。同时，他们善于控制自己的情绪，容易获得大家的信赖。他们适应能力强，对生活充满希望。他们干任何职业都十分投入，且能取得一定的成功。

不过，他们理财观念薄弱，花钱时，大手大脚，仅以直觉、心情来决定消费。因此，他们时常不得不承受因处理钱财的鲁莽和不谨慎带来的后果。

这类坐姿的人的爱情通常比较美满，能找到带给自己快乐的伴侣。他们口才极佳，但并不是在任何场合都会与人争论的人，是否要亮出自己的观点，完全取决于他们当时面对的对象。

6. 放任无拘的坐姿

放任无拘的坐姿是指坐着的时候，两腿分开，距离较宽，两手随意放置。经常这样坐着的人，喜欢追求刺激，喜欢标新立异，因此，偶尔会成为引导都市消费潮流的"先驱"。他们喜欢与他人接触，人缘不错，并且从不在意他人对自己的评论，这一点是有些人很难做到的。所以，他们很适合做社会活动家或从事类似的职业。